Margarete Friebe

INNERES WACHSTUM UND ÄUSSERE GRÖSSE

Das Alpha- und Omega-Training

WILHELM HEYNE VERLAG
MÜNCHEN

HEYNE RATGEBER ESOTERIK
08/9530

Eine Auswahl aus den Werken

›Das Alpha-Training‹, ›Das Omega-Training‹,
›Geh durchs Tor, Miranda‹

bearbeitet von Margarete Friebe und Elga Sondermann

Copyright © 1988 by Oesch Verlag AG, Zürich
Genehmigte Taschenbuchausgabe
Printed in Germany 1989
Umschlagillustration: Marlene J. Distler
Umschlaggestaltung: Atelier Ingrid Schütz, München
Satz: Kort Satz GmbH, München
Druck und Bindung: Presse-Druck Augsburg

ISBN 3-453-03007-9

Inhalt

1

Im Anfang ist das Denken

Ruhig liegt das Flugzeug in der Luft. Zurück fliege ich von Virginia nach Hause. Ich schaue hinaus in die blaue Weite. Wie wenig können meine Augen von der Unendlichkeit aufnehmen. Wieviel nahm mein sich stets ausdehnendes Bewußtsein dort in Virginia am Gehirnforschungs-Institut wahr. Ach, welche begrenzte Wahrnehmungsfähigkeit auferlegen uns unsere physischen Sinne. Und mit dem Wenigen, was unsere äußeren Sinne uns vermitteln, füttern wir den Verstand. Ein armer Verstand, der diese dürftigen Eindrücke zu verarbeiten und zu assoziieren versucht. Assoziationen zu bisherigen geistigen Inhalten, die aus dieser eingeengten Wahrnehmungsfähigkeit entstanden sind. Und wir Menschen neigen tatsächlich dazu zu behaupten, wir wären Realisten, das heißt, wir konzentrieren uns auf die Realität beziehungsweise auf dasjenige, was wir heute unter dem Begriff Realität verstehen.

Wir Menschen des zwanzigsten Jahrhunderts haben aus der universalen Ganzheit nur den Ausschnitt herausgenommen, der sich unseren äußeren Sinnen darbietet. Daraus entwickelte sich die ›äußere‹ Wissenschaft, die Natur-Wissenschaft. Die ›materialistische‹ Naturwissenschaft, denn auf die Materie ist das in physikalisch-chemischen Begriffen verhaftete Denken der Naturwissenschaftler ausgerichtet. Es ist eine Wissenschaft, die von Menschen gemacht worden ist, die es ablehnen, sich vorurteilsfrei, offen denkend über diese materialistische Naturwissenschaft zu erheben; die es ablehnen, einmal »denkend über das Denken nachzudenken«. Denn es ist doch gerade das Denken, mit dem sie zu ihren Schlüssen kommen. Müssen wir nicht ›wissenschaftlich‹ zuerst einmal das Instrument untersuchen, mit dem wir unser Weltbild schaffen?

Es ist stets das ›Denken‹, das uns Resultate bringt. Doch Denken ist ein Bewußtseins-, ein geistiger Akt, ausgelöst durch das Geistige im Menschen, das sich im *Ich* (nicht im *Ego)* ausdrückt. Neuere Forschungsergebnisse der Gehirnforscher zeigen, daß unser Gehirn nicht denken kann, wohl aber alle Eindrücke speichert, die unser *Ich* jeweils abruft, um diese Eindrücke denkend zu verarbeiten. So formt jeder aus denselben im Gehirn gespeicherten Eindrücken mit seinem individuellen denkenden *Ich* andere Bilder.

Der berühmte Hirnforscher und Nobelpreisträger Sir John Eccles führt aufgrund seiner experimentell untermauerten Beweisführung aus, daß das Bewußtsein auf keinerlei organische Substanz oder Funktion in irgendeiner Form rückführbar ist. Der Geist steht dem Gehirn mit seinen neuronalen Mechanismen frei und unabhängig gegenüber. *Bewußtsein ist eine selbst existente Seinsform.*

Eccles erläutert, daß das Bewußtsein eine übergeordnete integrierende und kontrollierende Funktion auf die neuronalen Vorgänge ausübt. Damit wird demonstriert, daß unser Bewußtsein ›unabhängig‹ vom Körper ist, jedoch auf ihn einwirkt.*

Befassen wir uns mit dieser Entdeckung, erlangen wir atemberaubende Einblicke. Doch bevor ich Sie in höhere Dimensionen entführe, möchte ich meine Ausführungen unterstützen mit den Erfahrungen, welche unter anderem auch der bedeutende Neurologe und Neurochirurg Wilder Penfield von der McGill University in Montreal nach vielen

---

* ›Gehirn und Geist‹ von John C. Eccles und Hans Zeier, Kindler Verlag.

Jahren klinischer Erfahrung machte, nämlich daß der menschliche Geist nicht in den Gehirnstrukturen zu finden ist. Der Geist *bedient* sich des Gehirns, aber er ist frei. Damit bestätigt er die Entdeckung von Sir John Eccles.

Zudem erhärten immer mehr Physiker durch ihre neuesten Forschungsergebnisse die Tatsache des freien, selbständigen Geistes über und in der Materie (Jean E. Charon, Fritjof Capra, Herbert Pietschmann, Max Thürkauf, um nur einige zu nennen).

Letztlich ist somit die Naturwissenschaft aus der Geisteswissenschaft hervorgegangen — aus dem Denken. Sofern allerdings die klassischen materialistischen Naturwissenschaftler das menschliche Bewußtsein nur auf chemische Moleküle und elektrische Signale reduzieren, sofern sie behaupten, daß das Denken ein physikalisch-chemischer Prozeß ist, haben sie mit dieser Behauptung ihren Verstand so verarmt, daß er niemals in der Lage sein kann, sich die wundervolle universale einheitliche Ganzheit auch nur erahnend vorzustellen. Denn Ahnungen, Träume, Phantasien gehören nicht in den ›realistischen‹ physikalisch-chemischen Bereich der Technokraten. Der Ausspruch: »Wir wollen Realisten sein« bestimmt das Handeln maßgebender Persönlichkeiten in Wirtschaft, Politik und eben in allen naturwissenschaftlichen Bereichen. Daraus entstand die Bildung der Kinder und Jugendlichen, die nun mit der einzig anerkannten Einstellung zu leben haben, daß nur das ›Meßbare‹ die Wirklichkeit repräsentiert. Auf diesem engen Wirklichkeitsplateau drängen sich die Menschen und stoßen sich wund. Es scheint mir außerordentlich wichtig, uns mit dem Begriff des ›Meßbaren‹ einmal präzise denkend auseinanderzusetzen. Lassen wir deswegen einen Naturwissenschaftler sprechen, der auch präzise, das heißt philosophisch denken kann. Es ist Max Thürkauf, Professor für physikalische Chemie (Auszug aus der Zeitschrift *Die Kommenden* vom November 1984):

»Da Chemie und Physik nichts Chemisches bzw. Physikalisches sind und daher durch sich selbst, das heißt durch ein ausschließlich physikalisch-chemisches Denken in ihrer Wesenheit nicht verstanden werden können, bedarf es zu deren Verständnis eines Mehr-als-Chemie-und-Physik. Die Naturwissenschaften sind eben keine Gegenstände der Natur, sondern der Kultur, also Gegenstände des Menschen. In der Natur gibt es keine Chemie und Physik, sondern Gesetzmäßigkeiten, zu deren Erforschung die Menschen seit etwa 400 Jahren eine ganz besondere Tätigkeit betreiben: *das Messen*. Daß sie dabei die Meßbarkeiten der Welt erfassen, liegt ebenso auf der Hand wie die Tatsache, daß das Unmeßbare von ihren Instrumenten *nicht* erfaßt wird. Der Trugschluß des Materialismus, nämlich die Behauptung, die Welt bestünde lediglich aus Materie, beruht auf dem Glauben: der Umstand, daß während Generationen mit physikalisch-chemischen Meßgeräten nichts anderes gefunden wurde als physikalisch-chemische Größen, beweise, daß es nichts anderes gibt als Materie. Chemie und Physik sind nicht in der Materie beheimatet, sondern in jenen geistigen Bereichen, die bei der Auswertung der Messungen durch das menschliche Denken entstehen. Ein Vergleich zwischen den Naturgesetzen und der Naturwissenschaft beweist die Tatsache sofort: Die Naturgesetze werden von der Naturwissenschaft als unveränderlich postuliert (was auch eine Glaubensfrage ist, weil der experimentelle Beweis für Jahrtausende oder gar Jahrmillionen fehlt). Die Naturwissenschaft jedoch erfährt jene immer schneller werdende Veränderung, die man heute als den wissenschaftlichen Fortschritt bezeichnet.

Die Autorität, auf welcher der Glaube an die Wissenschaft beruht, ist ihrem Wesen nach nicht eine solche des Geistes, sondern des Armes: die jedem, auch dem Ungeistigen, sichtbaren Erfolge der Technik. Entsprechend dem Haupterkenntniswerkzeug der modernen Naturwissenschaft, dem systematisch-reproduzierbaren Experiment, sind Chemiker und Physiker vielmehr Macher denn Denker. Im Vordergrund steht die Urteilskraft des Hervorbringenkönnens.: Nur was im Laboratorium systematisch-reproduzierbar hervorgebracht werden kann, hat in der heutigen Naturwissenschaft den Rang des wissenschaftlich Bewiesenen. Daß mit den immer schwieriger werdenden Experimenten die Zahl der Hypothesen und damit der Anteil an Glauben in der Wissenschaft wächst, ist begreiflich. Unsere Wissenschaftler sind weniger Nachfolger des Prometheus als seines Bruders, des Epimetheus, der als Experimentator die Büchse der Pandora öffnete. Diesem Halbgott gleichend, haben sie in zunehmendem Maß bei ihren Entdeckungen – um im Jargon der Psychologen zu sprechen – ein Aha-Erlebnis nach dem anderen. Sie berufen sich sogar darauf, daß man nicht wissen könne, was beim Experimentieren herauskomme. Ihre Beteuerungen, das Böse nicht gewollt zu haben, helfen sowenig wie das Bedauern des Epimetheus, als er die Übel in die Welt hatte entweichen lassen.

Da im Verlauf eines modernen Naturwissenschaftsstudiums mit Perfektion physikalisch-chemisch denken gelehrt und gelernt, im Verhältnis aber kaum *über* Chemie und Physik gedacht wird, wissen die Chemiker und Physiker heute sehr gut, *wie* sie tun, aber sie wissen kaum, *was* sie tun. Für eine naturwissenschaftliche oder technologische Karriere (welche immer mehr ein und dasselbe werden) ist das *Wie*, das ›Know-how‹, entscheidend, nicht das *Was*. Der Verzicht auf das Was geschieht aus zwei Gründen: Erstens erfordert das Was mindestens soviel geistige Arbeit wie das Wie und behindert zweitens durch allfällige, aus dem Was aufsteigende Bedenken die Ausführung des Wie. Das aber bedeutet Verzögerung des technischen Erfolges und somit des wirtschaftlichen oder militärischen Vorteils (welche ebenfalls immer mehr ein und dasselbe werden). Der geschätzte Philosoph Josef Pieper bringt den schwerwiegen-

11

den Unterschied zwischen dem Wie und dem Was in der Naturwissenschaft anschaulich zur Darstellung: Wenn ein Chemiker oder ein Physiker auf die Frage ›Was ist Chemie?‹ bzw. ›Was ist Physik?‹ antwortet, so betreibt er bei *dieser* Antwort keine Chemie bzw. keine Physik. Wenn aber ein Philosoph auf die Frage ›Was ist Philosophie?‹ antwortet, so betreibt er bei der Antwort Philosophie. Es ist deutlich geworden, was der modernen Naturwissenschaft fehlt und sie durch diesen Mangel immer mehr zu einem Gegenstand des Glaubens macht: die Philosophie.

In letzter Konsequenz bedroht die moderne Naturwissenschaft die Welt durch den Umstand, daß ihre Wisenschaftler da *glauben,* wo sie *wissen* sollten, und dort zu *wissen* glauben, wo sie *glauben* sollten: Sie glauben an die wissenschaftlichen Hypothesen und glauben dadurch zu wissen, daß Gott nicht existiert.

Wer sich angesichts der Schöpfung *nicht* verbietet, weiter und immer weiter zu denken, muß an Gott glauben, weil die Größe des Geschauten über alle Grenzen wächst und die Unzulänglichkeit des Wissens mit jedem neuen Gedanken offenbarer wird. Der Glaube an die Wissenschaft hingegen beruht auf einem Nichtwissen, das durchaus gewußt werden kann, weil es auf einem Mangel an Denken beruht: Die moderne Naturwissenschaft beginnt ihre Tätigkeit nicht am Anfang, bei ihrer Ursache – beim *Denken.* Statt die Voraussetzung aller Wissenschaft, das Denken, in die wissenschaftliche Arbeit als Gegenstand der Betrachtungen einzubeziehen, wird es unreflektiert angewendet, weil im Fall der Naturwissenschaft die von einem Geist gelenkte Hand mit ihrem Machen technische Erfolge zeitigt.

In einer Zeit, welche alles für machbar hält, sind selbst die schärfsten Denker gegen erfolgreiche Macher machtlos. *Denker können nur von Denkenden verstanden werden. Macher haben zum Denken wenig Zeit.* Die Materialisten müssen den Boden, auf dem sie stehen, in ununterbrochener

Hast selber machen. Wenn sie aufhören, versinken sie in der Bodenlosigkeit ihres Weltbildes. Keine Zeit zu haben, gehetzt zu sein sind Symptome der Geisteskrankheit unserer Zeit: des Materialismus. Wer Zeit zum Denken hat, macht sich bei der Kongregation der Wissenschaftsgläubigen verdächtig, ›zwecklos‹ zu sein. Und ihr Verdacht weist in die Richtung der Wahrheit: Das Sinnvollste der Welt ist zwecklos, weil es keinen Zweck haben darf, weil jeder Zweck das um seiner selbst willen Seiende tötet: die Liebe. Die Wissenschaftsgläubigen fordern für den Glauben an Gott Beweise, nicht aber für *ihren* Glauben, weil sie diesen für den eigentlichen Kern der Wissenschaft halten. Die materialistischen Psychologen werden eine Definition der Liebe fordern und sie schon bei diesem Zweckdenken töten. Das beweist die Lieblosigkkeit dieser Psychologen. Die Tiefen der Welt sind nicht definierbar, können nicht Gegenstände einer Wissenschaft sein: Gott und das Göttliche. Um das einzusehen, hilft kein Glaube an die Wissenschaft – nur der Glaube an Gott. Und Gott ist Geist.«

2

Individualität — Geistige Lehrer

Was in früheren Kulturepochen einzelnen, besonders befähigten, begnadeten Persönlichkeiten vorbehalten war, nämlich das Erkennen und Erleben höherer geistiger Kräfte, das ist in unserer Zeit potentiell für den einzelnen Menschen möglich geworden durch eine intellektuelle Schulung, die ihn zum eigenständigen kritischen Denken befähigt, eine der positiven Seiten unserer heutigen Zeit. Erst durch diese geistige Eigenständigkeit ist die Möglichkeit der inneren Freiheit und Unabhängigkeit entstanden. In früheren Zeiten, als der Mensch mehr in seinem Gemüt als im Intellekt lebte, wirkten in seine Gemütskräfte alle möglichen geistigen Kräfte hinein. Er war nicht frei. Erkenntnis durch reines, klares Denken war noch nicht möglich — mit Ausnahme der geistigen Führer, die jeweils auf einer hohen geistigen Stufe standen, auf der sie bewußt erkennend weit vorausschauend wahrnahmen. Sie erkannten den Plan der Bewußtseinsentwicklung, nämlich vom menschlichen zum göttlichen Bewußtsein zu gelangen — durch allen Auf- und Abstieg hindurch das Bewußtsein zu trainieren, zu prüfen und zu erproben. Was die weisen geistigen Führer vergangener Kulturepochen in geistigen Sphären erlebten und was sie zum Teil in geheimen Schriftzeichen wiedergaben, war nicht für ihr Volk bestimmt. Denn die damaligen Menschen lebten vorwiegend in ihren Gemütskräften, die ihnen ein klares, freies Denken noch nicht erlaubten. Ein erkennendes Denken, das auch die Verantwortung gegenüber dem Erkannten als Begleiter hat. Die unfreien Gemütskräfte der Menschen hätten durch ihren emotionalen Zustand die hohe Weisheit mißbraucht.

Die geistigen Führer und Eingeweihten wußten, daß in der Zukunft die Menschheit die Chance zu einer solchen individuellen Bewußtseinsentwicklung hat, die sie befähigt, das Geistige in der Materie und den kosmischen Bereichen zu erkennen und diese Erkenntnis in die Handlungen des täglichen Lebens mit einzubeziehen.

Die Entzifferung der Geheimschriften war nicht für die damaligen Menschen vergangener Kulturepochen bestimmt. Vorgesehen war sie für kommende Menschen, die einerseits sich durch eine intellektuelle Schulung, die sie in die Materie hineinzog, von geistigen Kräften getrennt hatten, welche andererseits sich der Fähigkeit zum klaren Denken näherten, die ihnen frei von manipulierenden Emotionen den Einblick in den Wirkungsbereich geistiger Kräfte auf höheren Schwingungsebenen ermöglicht.

Wir leben jetzt in dieser Zeit, wo es immer mehr solcher Menschen gibt und geben wird. Was früher den Eingeweihten vorbehalten war, wird durch die grandiose Bewußtseinsevolution — die jeder durch ein Studium der seriösen philosophischen Geisteswissenschaft erkennen kann — manchem möglich sein, wenn er sich dafür entscheidet. Es liegt in der Freiheit des einzelnen, an einer Bewußtseinsentwicklung teilzunehmen oder auch nicht. Die zum Teil entzifferten Geheimschriften und Aussagen der geistigen Führer und Hohepriester vergangener Zeitepochen liegen heute offen jedem zum Studium vor.

Die Erkenntnis, die dieses Studium auslöst, und eigene Erfahrungen, welche aus der gelebten Anwendung dieser Erkenntnis entstehen, zeigen, daß es im heutigen ›Bewußtseinszeitalter‹* keine menschlichen geistigen Führer mehr

---

* Siehe das Buch ›Das Omega-Training‹ von Margarete Friebe. Oesch Verlag, Zürich.

geben kann und darf. Jeder muß durch eine eigene individuelle Bewußtseinsentwicklung sein eigener geistiger Führer werden. Die wachsende Erkenntnis zeigt ihm die ewig wirkenden geistigen Gesetze, die er bemüht sein muß zu leben, wenn er in höhere geistige Realitätsbereiche vordringen will, um realitätsbewußter zu werden. Ein Realist kann sich nicht nur auf einen Ausschnitt der Realität beschränken, sondern er hat die Sehnsucht, die allumfassende Realität auf allen Ebenen wahrzunehmen. Da die Zeit begonnen hat, wo jeder sich zu seinem eigenen geistigen Führer entwickeln muß, darf es in geistiger Hinsicht keine Unterordnung einem anderen Menschen gegenüber mehr geben. Wer sich geistig einem Menschen unterordnet, hat die Chance einer eigenständigen Bewußtseinsentwicklung zum Höheren vermindert. Nur die innere Freiheit und Unabhängigkeit, die das freie, klare Denken bewirkt, ist Voraussetzung für eine positive individuelle Bewußtseinsentwicklung.

3

Im modernen Sarkophag in Virginia

Es war im August 1983, als ich nach Virginia in die USA an ein Gehirnforschungs-Institut, geleitet von Dr. Robert Monroe, flog. Seit vielen Jahren ist Dr. Monroe mit seinem Stab von Wissenschaftlern forschend tätig, wie man durch bestimmte Tonfrequenzen — die in seinem Labor entwickelt werden — vor allem auch die rechte Gehirnhälfte aktiviert. Durch spezielle Tonimpulse wird eine Synchronisierung der Gehirnhemisphäre hergestellt. Das Institut widmet sich der Erforschung und Entwicklung des menschlichen Bewußtseins. Es hat ein System von geistigen Übungen entwickelt, um dem einzelnen zu helfen, sein Bewußtsein zu entfalten, so daß er sein höheres Selbst besser erkennt und versteht. Der Student lernt am Institut die Flexibilität und Erweiterungsmöglichkeit seines Bewußtseins kennen. Das Ziel ist unter anderem, sowohl den physischen Körper als auch einen bewußten außerkörperlichen Zustand willentlich zu kontrollieren. Die geistig-seelischen Voraussetzungen, die der einzelne mitbringt, bestimmen wohl über die Art und Tiefe der Erlebnisse. Sukzessive wird das Bewußtsein trainiert, so daß je nach individueller Fähigkeit die Möglichkeit besteht, mit vollem Bewußtsein den entspannten Körper zu verlassen und andere Energiesysteme geistiger Realitätsbereiche zu erleben.

Mitten in einer zauberhaften Landschaft — kein Ort weit und breit — steht das Institut. Kein großes Gebäude. Ein kleineres Haus mit Vortrags- und Laborräumen, dem sich ein weiteres Wohnhaus anschließt. In diesem wohnte ich. Alles sehr gemütlich mit viel Holz innen. Freundlich und hell die Atmosphäre. Ein kleines Zimmer hatte ich, dessen imposantes und wesentlichstes Möbelstück ein speziell konstruiertes Bett war. Als ich es sah, da kam mir ein Sarkophag in den Sinn. Ein bißchen Ähnlichkeit hatte es; man kroch wie in einen Wandausschnitt hinein und lag auf einer mit Wasser gefüllten Matratze. Sehr angenehm. Über dem Kopf eine schwarze Decke. Zog man den schwarzen Vorhang zu, dann hatte man das Gefühl einer totalen Isolierung von der Außenwelt. Hier lag ich nun viele Stunden Tag und Nacht und experimentierte mit meinem Bewußtsein. Anfangs war ich etwas zurückhaltend. Alles war so befremdend. Ich wußte nicht, was auf mich zukam. Wenn die Experimente mir zu heikel und undurchschaubar erschienen, dann wollte ich wieder abreisen. Dies hatte ich mir fest vorgenommen.

Eigenartige Töne kamen aus den Kopfhörern, die man beständig im Bett aufsetzte. Sehr wachsam versuchte ich zu beobachten, ob diese speziellen Tonfrequenzen irgendwelche Veränderungen in meinem Gehirn erzeugten. Waren sie zu bejahen oder nicht? Konnte ich überhaupt Veränderungen rechtzeitig spüren? Wenn sie mir nun nicht paßten — gab es ein ›Zurück‹? Meine Wachsamkeit wuchs — und damit auch meine Verkrampfung.

Zwischen den Experimenten trafen sich alle Teilnehmer im Schulungsraum, und jeder berichtete den beiden Lehrerinnen über seine Erlebnisse. Ich schwieg. Zuerst wollte ich zuhören und alles prüfend auf mich wirken lassen. Die Kommentare und Erläuterungen der beiden Lehrerinnen, Nancy und Patricia, und nicht zuletzt ihre warmherzige, liebenswerte Wesensart überzeugten mich von Tag zu Tag mehr. Abends versammelten wir uns immer wieder im Vortragssaal. Bob Monroe — ich schätze ihn auf etwa 70 Jahre — berichtete von seinen Forschungen, eigenen Erlebnissen und von Erfahrungen seiner Schüler. Ich war fasziniert und tief beeindruckt von den umfassenden Kenntnissen und Erkenntnissen dieses Mannes. Sein Humor, sein Wohlwollen für jeden einzelnen berührte uns alle. Wir hatten ihn einfach gern. Mit einer Kaffeetasse in der Hand, immer ein Bein angewinkelt im Schoß, erzählte er mit leiser Stimme von seinen außerkörperlichen Erfahrungen im Kosmos. Durch eine Skizze erläuterte Robert (Bob) uns die hierarchische kosmische Gliederung. Er hatte sie erlebt. Jede hierarchische Stufe hat ihre eigenen geistigen Kräfte und Repräsentanten, die ihre Aufgaben erfüllen. Was Bob uns dort an die Tafel zeichnete, entsprach ja genau den sieben heiligen Gesetzen des *Alt-Ägypters Hermes Trismegistos,* die ich lehre und über die ich geschrieben habe. Das Bemühen, diese Gesetze zu beachten, führt zur allmählichen Erweiterung des Bewußtseins, zu einer Geistes- und Gefühlskultur. Kannte Bob diese Gesetze? Ich fragte ihn. Nein, sie waren ihm unbekannt. Er hatte sie nicht studiert, sondern sie selbst erlebt. Mein Vertrauen wuchs.

Zurück in meiner Koje, konnte ich mich wunderbar tief entspannen. Ich öffnete mich. Und nun begannen meine eigenen erstaunlichen Erlebnisse.

Wir hatten gelernt, uns in unserer Vorstellung auf eine bestimmte vorgegebene Ebene zu versetzen. Es gab diverse Ebenen. Jede hatte eine bestimmte Bedeutung wie auch Funktion und war durch eine Zahl gekennzeichnet. Mit einigen dieser Ebenen hatte ich schon mit Hilfe von Kassetten etwa acht Monate gearbeitet, bevor ich ins Institut kam. Zu Hause hatte ich aber keine besonderen Erlebnisse. Ich war lediglich ein wenig mit dem System vertraut.

Jetzt lag ich mit meinen Kopfhörern entspannt hinter dem schwarzen Vorhang. Konzentriert den eigenartigen Tönen hingegeben. Die Vorbereitungszeremonie begann. Sie war der Anfang einer jeden geistigen Übung. In einen vorgestellten Kasten oder Truhe schüttete man alle seine

Sorgen und Probleme. Diese Truhe wandelte alles Problematische um. Dann kam die Resonate-tuning-Übung. Man erzeugte einen summenden Ton. Der ganze Mensch geriet dabei in eine Schwingung — seine eigene Schwingung. Dies hatte ich schon in den acht Monaten Vorbereitung geübt. Öfter hatte ich dabei das Gefühl gehabt, als wenn durch die erzeugte Schwingung ein tieferer Kontakt zu kosmischen Schwingungen ermöglicht würde.

In der zeremoniellen geistigen Vorbereitung folgte nun der Energy-Balloon (Energie-Ballon). Von einem gewissen Atemrhythmus begleitet, hüllte man sich in einen schützenden Energie-Ballon ein. Den Abschluß dieser geistigen Vorbereitung bildeten einige Sätze, die man sinngemäß mit seinen eigenen Worten formulieren konnte.

»Ich bin mehr als mein physischer Körper. Da ich mehr bin als nur physische Materie, kann ich das wahrnehmen, was höher ist als die physische Welt. Daher wünsche ich zutiefst in dieser Übung, mich zu erweitern, helfende Erfahrungen zu sammeln, mehr Weisheit und Erkenntnis zu erlangen, mich zu beherrschen und zu steuern, mit höheren geistigen Kräften und Energiesystemen einen bereichernden Kontakt zu haben zu meinem Wohl und zum Wohle aller. Auch ersehne ich mir zutiefst in dieser Übung die Hilfe, Kooperation, Unterstützung, das Verständnis von solchen Individualitäten und geistigen Wesenheiten, deren Weisheit, Entwicklung und Erfahrungen höher als meine eigenen sind. Ich erbitte ihre Führung und ihren Schutz vor irgendeinem Einfluß oder irgendeiner Kraft, die sich meinen Absichten entgegenstellt.«

Ich bin in einem völlig entspannten, wachen Zustand. Mein Bewußtsein ist nicht einengend zentriert auf etwas Bestimmtes ausgerichtet, es dehnt sich einfach aus. Ich kenne diesen eigenartigen paradoxen anspannenden, entspannten Zustand.

Dieser Zustand entsteht in mir keineswegs automatisch. Ich empfinde es sogar als eine gewisse Anstrengung. Es beobachtend geschehen zu lassen. Nicht einzugreifen mit Gedanken, Spekulationen. Still aktiv einfach die Ausdehnung des Bewußtseins zu verfolgen.

Anfangs erlebe ich die unendliche Weite des Kosmos. Sie ist gar nicht so leicht zu ertragen, diese Unendlichkeit. Ich fühle: Wenn ich jetzt beginne zu spekulieren, kippt mein Bewußtsein um und fällt geradewegs wieder zurück auf die außenbewußte Ebene. Ich beherrsche mich und versuche dabei gleichzeitig, möglichst entspannt zu bleiben. Es gelingt mir gut.

Jetzt entdecke ich einen weiten Platz, kreisrund, der in größere schwarz-weiße Karos eingeteilt ist. Um diesen Kreis herum stehen etliche Gestalten. Mitten unter ihnen bin ich mit meinem (vor einigen Jahren verstorbenen) Mann Günter. Es ist so selbstverständlich, ihn dort anzutreffen. Ich bin gar nicht verwundert. In der Mitte des Kreises sehe ich einen Redner. Ein hochgewachsener Hebräer in einem langen Gewand. Er trägt um den Kopf ein Tuch, mit einer schwarzen Kordel gehalten. Die ganze Szene wirkt wundervoll harmonisch und gut organisiert. Ich fühle die gehobene Stimmung und edle Gesinnung aller Gestalten, die mich umgeben. Sie überträgt sich auf mich. Tief beeindruckt bin ich und erwartungsvoll. Alle sehen gespannt auf den Redner, der offenbar gerade mit seiner Rede beginnen will. Doch er spricht nicht. Statt dessen nimmt er seine Kopfbedeckung ab. Mit einer weit ausholenden, demutsvoll-majestätischen Geste weist er mit seinem ausgestreckten Arm in eine bestimmte Richtung. Hinter ihm erscheinen drei wunderbare große leuchtend rote Sonnen. Und in jeder Sonne steht Christus. Der Hebräer drückt mit seinem ganzen Wesen, ohne zu sprechen, aus: Das war der Sinn seiner Rede. »Es ist nicht die hebräische, nicht irgendeine andere — es ist *Christus-Ära.*«

Bob holt mich zurück. Da sitze ich aufrecht in meinem Bett. Vom Gang her höre ich, wie sie alle in den Schulungsraum strömen. Ich möchte mich einfach noch nicht bewegen. Die ganze Szene lebt weiter in mir. Vor allem diese wundervollen großen leuchtenden Sonnen mit Christus in der Mitte bewegen mich tief.

Langsam stehe ich auf. Alle sind unten schon versammelt, und einige erzählen lebhaft von ihren Erlebnissen. Andere schweigen. Ich höre wohl die Stimmen um mich herum, doch ich verstehe nichts. Zu stark bin ich noch von meinem Erlebnis beeindruckt. Da fällt mir ein, daß Robert, der Geschäftsmann aus New York, zu mir sagte, als ich ihm draußen auf der Veranda von meinem ersten kosmischen Erlebnis berichtete: »Why don't you share your experience with all of us?« (Warum teilst du deine Erfahrungen nicht mit uns allen?) Ja, warum eigentlich nicht? So beginne ich jetzt langsam zu erzählen. Ich fühle, wie mein Herz klopft. Das gesprochene Wort verstärkt das Erlebnis noch mehr. Deutlich spüre ich: Nichts ist vergangen, alles lebt weiter in mir, ist ein Teil von mir geworden. Ganz sicher möchte ich nicht irgendeinem Menschen über meine kosmischen Eindrücke berichten; aber in diesem Kreis fühle ich mich wohl. Jeder ist in seiner Weise ein Mensch, dem ich vertraue und den ich mag. Sie alle haben still zugehört. Es scheint mir, als hätten sie ein wenig mit mir zusammen die Szene erleben können. Ich freue mich.

4

Planeteneinzug in den Körper

Können Sie sich vorstellen, daß Sie durch ein gelassenes, geduldiges, treues Bemühen, geistig offen nach allen Seiten zu sein, flexibel — ohne Vorurteile — zu denken, sich um höhere geistige Erkenntnisse zu bemühen — daß Sie durch diese geistige Tätigkeit Stufe um Stufe eine Leiter — eine ›Himmelsleiter‹ — sich erbauen, auf der nicht nur Sie aufwärts steigen, sondern auch höhere geistige Kräfte sich Ihnen nähern können.

Einmal spüren Sie den Kontakt: In Ihrem Bewußtsein, in Ihrer Seele.

Dieses Erlebnis ist von solch einer Größe, es erfüllt so stark Ihr ganzes Sein, daß es mit gar nichts Alltäglichem zu vergleichen ist.

Darum ist es auch nicht möglich, mit dem herkömmlichen Alltagsvokabular darüber zu sprechen.

An einem herrlichen Sonnentag saß ich draußen im Gras unter einem Baum und las. Oft schaute ich von meinem Buch auf, um nicht allzu lange die wundervolle strahlende Natur aus den Augen zu verlieren. Plötzlich hörte ich ganz deutlich eine Stimme in mir. Es war eine befehlende Stimme: »Schreibe!«

Ich nahm also Papier und einen Stift zur Hand, hatte aber nicht die geringste Ahnung, was ich überhaupt schreiben sollte.

Da diktierte mir die Stimme, und zwar in einem Tempo, daß ich kaum mitschreiben konnte:

»Gott ist die Welt.
Die Welt ist Gott.
Was gibt es außer Gott?
Gott ist alles und
alles ist Gott.
So bist auch Du Gott —
Ihr alle.
Denn nichts ist außer Gott.
So bist Du selbst der Schöpfergeist.
Geist des Schöpfers.
Kind des Vaters.
Tritt Dein Erbe an:
Die Macht des Schöpfers.
Die Liebe des Schöpfers.
Sei Du ganz die Liebesmacht.
Fühle sie — Lebe sie.
Du!
Sei, wer Du bist.
Sein Lichtstrahl.
Strahle.
Deine Strahlen verwandeln alles —
zu seiner Ehre.«

Im Unterrichtsraum wird uns die nächste Übung erklärt: Wir sollen unser Bewußtsein einstellen und ausdehnen auf das Sonnen- und Galaxis-System.

Allein mit mir entspanne ich mich. Die vertrauten Töne aus dem Kopfhörer helfen mir dabei. Trotzdem ist eine gewisse innere Spannung da. Was werde ich dieses Mal erleben — oder auch nicht? Auf beides versuche ich mich jedesmal wieder gelassen einzustellen.

Es dauert eine Weile, bis mein sich stetig ausdehnendes Bewußtsein die Sonne entdeckt. Da ist sie. Vor ihr die Sterne. Die Sonne unterrichtet allen Planeten und Sternen: *Liebe.*

Jetzt nehme ich das Galaxis-System wahr. Spiralartige Formen erlebe ich, und dazu erhalte ich die Information, daß die Galaxis-Bahnen unser Gehirn ausmachen, das heißt, das Gehirn spiegelt die Galaxis-Ära wieder.

Wieder zurückkommend in meine Körperlichkeit, spüre ich, wie stark mich dieses Erlebnis beeindruckt. Unser Gehirn: Die Widerspiegelung der Galaxis-Ära. Die Sonne, die allen Sternen und Planeten Liebe unterrichtet. Welche Aussichten zu einer grandiosen Bewußtseins-Entwicklung bietet uns unser Gehirn! Der Mensch, der Mikrokosmos des Makrokosmos. Die Sonne, Planeten und Sterne erlebte ich nicht in ihrer physischen Form, sondern in ihrer geistigen wesenhaften Qualität.

Ich bin wieder im Kosmos. Immer weiter dehnt sich mein Bewußtsein aus. Nicht nur ein sich allmählich ausdehnender Bewußtseins-Zustand ist es; gleichzeitig erlebe ich mein Bewußtsein auch wie eine nach Informationen abtastende Antenne. Es ist eine eigenartige, befremdende Weise der geistigen Aktivität, die ich aus dem Alltagsleben heraus kaum kenne. Eine Art aufmerksame Passivität, die auch in Meditationen erlebt werden kann. Während sich mein Bewußtsein auf kosmische Ebenen ausrichtet, erlebe ich die ›Gleichzeitigkeit‹. Es ist kein ›Nacheinander‹, wie es uns das Denken im Alltag zeigt, aus dem Vergangenheit, Gegenwart und Zukunft resultieren. Die Zeit wird in Quantitäten eingeteilt. Das ›Alltagsbewußtsein‹ (im Gegensatz zum kosmischen Bewußtsein) hat sich durch die Fixierung auf das rein Äußerliche zum quantitativen Denken erzogen. Das kosmische Bewußtsein hingegen erkennt den anderen Pol: die Qualität der Quantität. Die Qualität zeigt, qualitativ ist *alles* da. Alles: die unendlichen Möglichkeiten. Der unaufhörliche atemberaubende Schöpfungsakt. Das ewige *Jetzt*. Die einzige Gegenwart. Was wir *jetzt* in unserem Bewußtsein aufnehmen, durchströmt vom Brennpunkt des Jetzt aus Vergangenheit und Zukunft. ›Qualitativ‹ wird Vergangenes und Zukünftiges von der Gegenwart verändert und bestimmt. Die unendliche schöpferische Macht liegt in der Gegenwart. Weder in Vergangenheit noch in der Zukunft. Wer zurückblickt, zieht durch diesen Bewußtseinsakt Vergangenes in die Gegenwart. Denn alles, was in Ihrem Bewußtsein ist, erleben Sie in der ›Gegenwart‹ – im *Jetzt*. Darum handelt jener weise, der aus dieser Erkenntnis heraus sich diszipliniert positive, aufbauende Vorstellungen von der Zukunft bildet. Die Zukunft lebt ebenfalls im ›gegenwärtigen‹ Bewußtseinszustand. So ist die Zukunft geistig *jetzt* schon da. Der einzelne Mensch trifft stets das ›zukünftig‹ an, weil er jeweils ›gegenwärtig‹ dachte, erwartete und beabsichtigte. Die Gegenwart ist der Repräsentant der schöpferischen Macht.

Die Quantitäten beziehen sich auf das Physisch-Materielle und sind daher ›meßbar‹. Die Qualitäten sind auf das Seelisch-Geistige ausgerichtet und dadurch ›erlebbar‹. Liebe, als reine Qualität, können Sie nicht messen, wohl aber erleben. So müssen wir stets mit unserem Vokabular auf der Ebene bleiben, auf die sich die Begriffe beziehen. Wir dürfen die Ebenen nicht verwechseln, indem wir zum Beispiel fragen: »Wieviel wiegt deine Liebe zu mir?« Darum können wir niemals mit unserer noch so hoch entwickelten Technologie die Qualitäten ›erfahren‹. Unsere sensiblen Instrumente können zum Beispiel die Reaktion der Pflanze auf die liebevollen Gedanken eines Menschen anzeigen – wie Cleve Backster uns dies am Polygraphen demonstriert. Wir können anhand der Aufzeichnungen des Polygraphen ablesen, daß die Pflanze auf gefühlsmäßige Gedanken reagiert. Jetzt haben wir ein ›äußeres‹ Wissen, doch es fehlt uns die ›innere Erfahrung‹. Denn wir haben mit diesem äußeren Wissen nicht zugleich die ›Empfindung‹ der Pflanze. Darum ist die Frage nach der ›Beweisführung‹ der *Qualitäten* absurd. Diese Frage entspringt einem Denkfehler. Wir können nicht fragen »Beweise mir deinen *Geschmack* der soeben gegessenen

Apfelsine«. Die ›Wirkungen‹ der Qualitäten sind meßbar. Die Qualität selbst ist erlebbar. Das ›Äußere‹ (Wirkungen) ist den ›äußeren‹ Sinnen zugänglich. Das ›Innere‹ − Geistige − (Qualität) ist durch ›Verinnerlichung‹ erlebbar.

Da alles Geistige reine Energie, reine Qualität ist, muß logischerweise die Frage nach der meßbaren Beweisführung zur Befriedigung der äußeren Sinne entfallen. Alles Geistige ist ausschließlich durch Erlebnisprozesse zu erfassen; jedoch sind die ›Ergebnisse‹ (Wirkungen) eines veränderten geistigen Bewußtseinszustandes − wie er beispielsweise durch eine Meditation erzeugt wird − ›meßbar‹ durch zum Beispiel chemische Veränderungen im Organismus (Dr. Carl Simenton/USA).

Sobald also durch ein geistiges Training unser Bewußtsein auf die reine Qualität − die geistige Ebene − ausgerichtet ist, *erleben* wir. Jeder erlebt auf seine Weise. Da das Geistige nicht statisch, sondern *lebend* ist, das ewig Schöpferische darstellt, ist jeder Moment anders. Und doch ist alles immer zugleich da − denn es gibt die quantitative Zeit nicht, die vergehen und neu entstehen läßt.

Mit dem auf das quantitativ Meßbare ausgerichteten Verstand läßt sich folgendes nicht erfassen: »Im Geistigen ist das schöpferisch stets neu Geborene schon ewig da gewesen.« Diese Aussage kann nur *erlebt* werden.

Wir müssen lernen, einen wahren, objektiven Bezug zur ›Subjektivität‹ − die sich im Erleben ausdrückt − herzustellen.

Mein Bewußtsein weitet sich jetzt aus und tastet zugleich ab. Da zeigt sich in der Ferne eine Pyramide. Ich richte mein Bewußtsein ganz darauf aus. Viele − wirklich viele − Menschen und Pferde strömen aus der Pyramide. Jetzt gehen sie alle zur Seite, das heißt, sie teilen sich. Und durch die Mitte reitet auf einem Roß eine Frauengestalt − in einem weiten Umhang eingehüllt. Es ist *Isis*. Ich schaue näher hin, als das Roß auf mich zukommt − und da erkenne ich: Das bin ich. *Isis* öffnet den Umhang. Darunter hat sie in ihren Armen *Horus.*

Zurück in meinem Körper, schreibe ich dieses Erlebnis nieder. Ich fühle eine Hemmung in mir zu notieren, ich bin *Isis.* Doch dann kommt mir in den Sinn, daß wir alle diesen *Isis/Osiris/Horus*-Aspekt in unserer Seele haben. Jede Seele ist sowohl weiblich als auch männlich. Aus der harmonischen Vereinigung von *Isis* (weiblich) mit *Osiris* (männlich) entsteht das *Neue (Horus),* der Sohn, der *Logos.*

In ›Das Christentum als mystische Tatsache und die Mysterien des Altertums‹ von Rudolf Steiner steht: »... das höchste Leben, das der Mensch führen kann, wird also darin bestehen müssen, daß er sich zum *Osiris* wandelt. Im echten Menschen muß schon innerhalb des vergänglichen Lebens ein möglichst vollkommener Osiris leben. Der Mensch wird vollkommen, wenn er wie ein Osiris lebt. Wenn er durchmacht, was Osiris durchgemacht hat. Der Osiris-Mythos erhält damit eine tiefere Bedeutung. Er wird zum Vorbilde dessen, der das Ewige in sich erwecken will. Osiris ist von Typhon (Seth) zerstückelt, getötet worden. Die Teile des Leichnams sind von seiner Gemahlin *Isis* gehegt und gepflegt worden. Er hat nach dem Tode seinen Lichtstrahl auf sie fallen lassen. Sie hat ihm den *Horus* geboren. Dieser Horus übernimmt die irdischen Aufgaben des Osiris. Er ist der zweite, noch unvollkommene, aber zum wahren Osiris fortschreitende Osiris. − Der wahre Osiris ist in der Menschenseele. Diese ist zunächst die vergängliche. Aber ihr Vergängliches ist bestimmt, das Ewige zu gebären. Der Mensch mag sich daher als das Grab des Osiris betrachten. Die niedere Natur (Typhon) hat die höhere in ihm getötet. Die Liebe in seiner Seele muß die Leichenteile hegen und pflegen, dann wird die höhere Natur, die ewige Seele (Horus), geboren werden, die zum Osiris-Dasein fortschreiten kann. Den makrokosmischen Osiris-Weltprozeß muß der zum höchsten Dasein strebende Mensch in sich mikrokosmisch wiederholen. Das ist der Sinn der ägyptischen ›Einweihung‹, der Initiation… Der vom ›Vater‹ stammende Mensch soll in sich den Sohn gebären. Was er in Wirklichkeit in sich trägt, den verzauberten Gott, das soll in ihm offenbar werden. Durch die Gewalt der irdischen Natur wird dieser Geist in ihm niedergehalten. Diese niedere Natur muß erst zu Grabe getragen werden, damit die höhere Natur auferstehen kann… So fühlt der Mensch: Ich habe nichts mehr zu tun mit der vergänglichen Natur. Diese ist bei mir durchtränkt von dem *Logos*.«

In der religiösen Auffassung der Alt-Ägypter spiegelte sich im hohen Bewußtseinszustand altägyptischer Eingeweihter die Gottheit in der Dreieinigkeit von *Osiris/Isis/Horus* wider. Da die heutige fünfte nachatlantische Kulturepoche, das Bewußtseins- oder auch Wassermannzeitalter genannt, einen innigen Bezug zur altägyptischen Epoche hat, zeigt sich allgemein im jetzigen religiösen Bewußtseinszustand der Menschen ebenfalls die Gottheit in der Dreieinigkeit von Vater—Sohn—Heiliger Geist oder Josef—Maria—Jesus Christus. Die Dreieinigkeit zeigt die Einheit. In der Einheit lebt die Dreiheit. Göttliche Ursymbole leben inspirierend als Leitbilder sowohl im Kosmos als auch in der menschlichen Seele. Da die Seele geistig ist, lebt der Kosmos in ihr wie sie im Kosmos. Wie oben, so unten. Wer in die Tiefe — die Seele — geht, gewinnt die Höhen: den Kosmos.

5

Begegnung mit Purpur

Bob fordert uns über die Kopfhörer auf, selbständig durch die geistige vorbereitende Zeremonie uns auf die bekannten Ebenen zu erheben. Die vertrauten Töne begleiten mich. Unsere Aufgabe besteht in einer Frage: »Will irgend jemand mit mir sprechen?«

Als sich mein Bewußtsein immer mehr erweitert und ich einen gelassenen, aufgeschlossenen Zustand empfinde, lasse ich diese Frage in die kosmische Weite gleiten. Es tauchen unendlich viele undefinierbare Formen auf. Heraus kristallisiert sich eine Stimme in Form einer Farbe: »Ich bin Purpur. Margarete, wir lieben Dich.«

Ich frage: »Purpur, kann ich irgend etwas für Dich tun?«

»Ja, trage Purpur. Du sollst Farben tragen und von ihnen umgeben sein. Sie sind eine Brücke. Wir Farben sind Diener.«

Meine Frage: »Welche Aufgabe hast Du?«

»I am a mind opener — Ich diene als Öffnung zum Geistigen.«

Es verstärkt sich in mir der Eindruck, den ich schon seit Jahren habe, daß alles Vorhandene, alles uns Umgebende nur dazu da ist, um uns zu schulen, unserem geistigen Reifeprozeß zu dienen. Mit diesen Überlegungen können wir beginnen, alles zu bejahen. Aus dieser Bejahung wächst Stärke und Vertrauen. Mut und Vertrauen sind zwei Lichter, die auf dem Wege der geistigen Entwicklung nie ausgehen dürfen. Diese beiden Eigenschaften sind ein guter Garant, über Mißstände nicht zu jammern und zu lamentieren. Alles ist nach dem hermetischen Gesetz der Vibration und Schwingung in Fluß. Alles dient der Entwicklung und strömt durch die beständig sich steigernden Schwingungen wieder seiner Vergeistigung zu – zum Höchsten hin. Wer beginnt, sich zu verinnerlichen, allmählich Meister seiner äußeren Sinne zu sein, beschleunigt seine seelischen Schwingungen, die ihn auf höhere Ebenen erheben, wo er neue Erkenntnisse und Erlebnisse gewinnt. Erkenntnisse, die ihm zeigen, wie seine äußeren Sinne starken Zugpferden gleich ihn beständig in die Außenwelt ziehen und ihn hier im Äußeren verstricken wollen, wo er nur die ›Erscheinungen‹ des Geistes, nicht aber den Geist selber entdeckt. So befaßt er sich stets mit der Tarnung, die sich einmal in dieser, einmal in jener Situation und Form zeigt und – bleibt er an der Oberfläche (entdeckt er nicht den Geist in der Materie) – ihn durch ihre Inhalts- und Wesenslosigkeit verwirrt und verängstigt. Wer beginnt, durch allmähliche Beherrschung der äußeren Sinne die Tarnung zur Seite zu schieben und staunend erkennt, daß alle Vielfältigkeiten stets der ›lehrende‹ Ausdruck des *Einen* sind, wird Stufe um Stufe sich erheben, um einmal den unauslöschlichen Glanz des Ewigen zu erblicken, bis er schließlich selbst zum Lichtstrahl geworden ist und in *seinem* Glanz in Glückseligkeit weilt.

6

Die ›Sieben Gesetze‹
der Hermetischen Philosophie

HERMES TRISMEGISTOS — ein großer Eingeweihter — der Meister der Meister — ›Trismegistos‹ heißt: der dreimal Große. Hermes — ›hermetisch‹ heißt soviel wie ›geheim‹.

HERMES lebte in der ältesten ägyptischen Dynastie. Die Ägypter haben ihn später zu ihrem Gott gemacht unter dem Namen Toth. Noch später haben ihn die alten Griechen auch zu einem ihrer vielen Götter gemacht. Sie nannten ihn ›Hermes‹ = den Gott der Weisheit.

Alle großen, wahren Philosophen sind auf HERMES zurückzuführen. Die hermetische Philosophie ist in allen Ländern zu finden, in allen wahren großen Religionen, sie ist aber nicht identifizierbar mit irgendeinem Land, Volk, mit irgendeiner Religion. Sie steht über allem.

Die hermetische Philosophie ist ein Schlüssel zur Weisheit geistiger Welten. Sie sagt:

»Wenn die Ohren des Studenten die Reife haben zu hören, dann kommen die Lippen, um sie mit Weisheit zu füllen.«

Ich erkläre Ihnen jetzt die ›SIEBEN GESETZE‹ — oder auch ›Prinzipien‹ genannt — der Hermetischen Philosophie, die der Schlüssel zur Weisheit — zu anderen, höheren Bewußtseins-Dimensionen sind.

1. Das Gesetz des Geistes

2. Das Gesetz der Entsprechung

3. Das Gesetz der Vibration und Schwingung

4. Das Gesetz der Polarität

5. Das Gesetz des Rhythmus

6. Das Gesetz von Ursache und Wirkung

7. Das Gesetz des Geschlechts

Das erste Gesetz des Geistes

Die Hermetische Wissenschaft bezeichnet Gott mit dem Begriff DER ALLES.

HERMES lehrt: ›DER ALLES‹ ist Geist — und das Universum ist geistig.

›DER ALLES‹ ist die Substantielle Wirklichkeit, die allen äußeren Manifestationen und Erscheinungen zugrunde liegt, also der hiesigen physischen Welt, dem Phänomen des Lebens, der Materie und Energie.

›DER ALLES‹ ist Geist, unerkennbar und unbestimmbar, aber wir können uns eine Vorstellung davon machen als ein universaler, unendlicher, ewig lebender Geist.

Es wird erklärt, daß die äußere Welt wie das Universum einfach eine geistige Schöpfung ist von ›DER ALLES‹.

Das Universum als Ganzes und in seinen Teilen, Partikelchen, Energien und Einheiten hat seine Existenz im Geiste von ›DER ALLES‹. In diesem Geiste leben wir, bewegen wir uns, haben wir unser Sein.

Das Universum ist geistig. Es hat seine Existenz und wird gehalten im Geiste von ›DER ALLES‹.

Und ›DER ALLES‹ ist Geist.

Aber was ist Geist?

Diese Frage kann nicht beantwortet werden.

Denn die Definition von ›Geist‹ wäre praktisch auch die Definition von ›DER ALLES‹, welcher nicht erklärt oder definiert werden kann. Der Begriff ›Geist‹ ist lediglich von Menschen geschaffen worden, um dem Unfaßbaren, Unaussprechlichen einen Namen zu geben.

Wenn wir den Begriff ›Geist‹ verwenden, müssen wir uns bewußt sein, daß wir ihn nicht ganz erfassen und verstehen können.

›DER ALLES‹, der Geist, das höchste Bewußtsein, hat alles geschaffen, schafft alles.

›DER ALLES‹ ist in allem — und alles ist in ›DER ALLES‹.

›DER ALLES‹, das höchste Bewußtsein, ist sich stets aller Teile seiner Schöpfung ›bewußt‹.

Aber ›DER ALLES‹ ist immer mehr, als alle Teile seiner Schöpfung darstellen.

Da nichts von nichts kommen kann, von was hat dann ›DER ALLES‹ das Universum mit allen seinen Inhalten und Teilen geschaffen?

Manche Philosophen meinen, ›DER ALLES‹ hat alles von sich selbst geschaffen. Das kann aber nicht sein, er kann nichts von sich wegnehmen, nichts hinzufügen, nichts teilen. Das Universum besteht nicht aus ›Fragmenten‹ von ›DER ALLES‹.

Da aber außerhalb von ›DER ALLES‹ nichts existiert, von was ist dann das Universum geschaffen?

›DER ALLES‹ kreiert das Universum geistig, mit seinem Geist — durch seinen Geist! Er nimmt nichts von sich selbst weg — noch fügt er etwas hinzu. Es ist ein ähnlicher Prozeß wie beim Menschen, wenn der Mensch geistige Bilder schafft.

›DER ALLES‹ kann in keiner anderen Weise als ›geistig‹ schöpferisch tätig sein, denn er ist Geist!

Das Universum und alles, was es beinhaltet, ist die geistige Schöpfung von ›DER ALLES‹.

In der Tat: *Alles ist Geist.* Der unendliche Geist von ›DER ALLES‹ ist der Schoß für unzählige Universen.

Wir können nicht den Fehler machen anzunehmen, daß die kleine Welt um uns herum — die Erde — das Universum selbst ist. Da sind Millionen und Millionen solcher Welten und noch größer.

Und selbst in unserem kleinen Sonnensystem da gibt es Regionen und Bewußtseins-Ebenen mit geistigem Leben, das viel höher ist als unseres. Wesen, Seinsformen, die viel höher entwickelt sind als wir. Wesen, die Kräfte und Eigenschaften besitzen, die sich dem Vorstellungsvermögen des Menschen entziehen.

Es sind Kräfte und Eigenschaften, die viel höher sind als die, die der Mensch jemals in seinen Vorstellungen ›Göttern‹ zugedacht hat. Und diese göttlichen Wesen waren einmal wie die Menschen, sogar niedriger — *und die Menschen werden sein wie sie — und noch höher — das ist die Bestimmung des Menschen — wie dies von Eingeweihten berichtet wird.*

Und Tod ist nicht real, tatsächlich ist es ›Geburt zu einem neuen Leben‹ — und der Mensch geht weiter und weiter — zu höheren und immer noch höheren Ebenen.

Der Mensch weilt in dem unendlichen Geist von ›DER ALLES‹, und seine Möglichkeiten und Gelegenheiten sind unendlich in Zeit und Raum.

Und am Ende des Großen Zyklus der Äonen, wenn ›DER ALLES‹ alle seine Schöpfungen zu sich — in sich — zurückzieht, dann geht jeder freudig, denn er wird fähig sein, die ganze Wahrheit zu wissen, zu erkennen, zu fühlen: Eins zu sein mit ›DER ALLES‹.

Dies ist der Bericht der großen Eingeweihten. Und in der Zwischenzeit — so die Hermetische Wissenschaft — soll der Mensch in Würde und innerem Frieden leben, denn er ist sicher und beschützt durch die unendliche Kraft von der ›DER ALLES‹.

Das zweite hermetische Gesetz der Entsprechung

Das zweite hermetische Gesetz beinhaltet die Wahrheit, daß Harmonie, Übereinstimmung und Entsprechung zwischen den verschiedenen Bewußtseins-Ebenen herrscht.

Diese Wahrheit ist eine Wahrheit, weil alles, was im Universum enthalten ist, von derselben Quelle springt; und dieselben Gesetze, Prinzipien und Charakteristika sind anwendbar auf jedes Partikelchen, jede Energieform, jede Einheit — auf alles.

Der Einfachheit halber wollen wir das Universum in drei große Ebenen aufteilen:

1. Die große physische Ebene
2. Die große seelische Ebene
3. Die große geistige Ebene

Jede dieser Ebenen durchstrahlt die andere. Wir können also keine scharfen Trennungen machen. Und jede dieser Großen Ebenen hat sieben untergeordnete Ebenen, und jede einzelne dieser Ebenen hat noch einmal sieben Unterteilungen.

Bitte studieren Sie jetzt eingehend und in Ruhe die folgenden Aufstellungen über die GROSSE PHYSISCHE EBENE und die GROSSE SEELISCHE EBENE.

Die sieben Unterteilungen der großen physischen Ebene

1. *Die physische Ebene*

(A): Dichte Materie, wäßrige, gasförmige

2. *Die physische Ebene*

(B): Strahlende Energie — wie Radium usw.

3. *Die physische Ebene*

(C): Ist so unendlich subtil, so überaus fein, daß sie bisher noch nicht von herkömmlichen Wissenschaftlern erkannt wird (noch nicht einmal für möglich gehalten wird)

4. *Die ätherische Ebene*
Diese ätherische Ebene ist ein verbindendes Glied zwischen der physischen- und Energie-Ebene und hat Anteil an jeder Ebene

Extreme Feinheit und Elastizität, die das Universum durchdringt. Agiert als ein Medium für die Beförderung von Energie-Wellen — wie Licht, Hitze, Elektrizität usw.

5. *Die Energie-Ebene*

(A): Gewöhnliche Energieformen wie Hitze, Licht, Magnetismus, Elektrizität, Anziehungskraft; wie Gravitation, Chemische Affinität usw.

6. *Die Energie-Ebene*	(B): Feine Kräfte der Natur — wir bezeichnen sie als die verschiedenen seelischen Formen und Phänomene. Die sogenannten noch unentdeckten feinen Kräfte der Natur machen erst die seelischen Formen und Phänomene möglich.
7. *Die Energie-Ebene*	(C): Ist hoch organisiert. Sie trägt viele Charakteristika des Lebens. Das, was wir mit dem Begriff ›das Leben‹ meinen. Diese Ebene ist für den menschlichen Geist unvorstellbar. Sie ist allein den Wesen der geistigen Ebene zugänglich. Auf diese Energie-Ebene wirkt eine göttliche Kraft.

Das sind die 7 Unterteilungen der physischen Ebene.

Die sieben Unterteilungen
der großen seelischen Ebene

1. *Die Ebene des* MINERALISCHEN GEISTES: enthält die geistigen Größen oder Wesenheiten, welche die Formen anregen, beseelen, welche wir im mineralischen, chemischen Bereich usw. finden. Diese Wesen dürfen nicht verwechselt werden mit Atomen, Molekülen, Teilchen selbst, denn diese sind nur die Körper dieser Wesenheiten; gerade wie der Körper eines Menschen nur die physische Form seines Selbstes ist.
Die Wesenheiten dieser Stufe sind auf einer geringeren Entwicklungsstufe.
Die Moleküle, Atome und Teilchen empfinden ihre eigene Liebe und Haß, haben ihre eigene Sympathie und Antipathie, Neigungen und Ablehnungen.
Wunsch, Wille, Gefühl der Atome usw. unterscheiden sich nur im Grad von denen der Menschen.

2. *Die Ebene der* ELEMENTAR-GEISTER* (URGEWALTEN) (A): enthält Wesenheiten mit einer seelischen Entwicklungsstufe, die allgemein unbekannt sind. Wahrgenommen werden sie von Okkultisten.
Diese Wesenheiten haben ihre Aufgaben und ihren Anteil am großen universellen Plan.
Der Grad ihrer Intelligenz liegt zwischen den Wesenheiten des Mineralischen und Chemischen Bereiches und den geistigen Wesenheiten der Pflanzlichen Ebene.

---

* Die Elementar-Geister sind die verbindenden Glieder zwischen allen Ebenen
— und so profitieren wir, haben wir Anteil an den Wirkungen aller Ebenen.

3. *Die Ebene des* PFLANZENGEISTES: enthält die Geistigen Wesenheiten des Pflanzen-Reiches. Es wird ja inzwischen immer mehr bekannt durch wissenschaftliche Forschungen, daß Pflanzen nicht nur Leben, sondern auch Seele haben — ja auch Geist — geradeso wie Tiere und Menschen.

4. *Die Ebene der* ELEMENTAR-GEISTER (B): enthält die geistigen Wesenheiten, die ihre Arbeit am Universum ausführen. Ihr Intelligenzgrad und ihre Wirkungs-Ebene liegen zwischen dem Pflanzen- und Tierreich.

5. *Die Ebene des* TIER-GEISTES: enthält die geistigen Größen und Wesenheiten, welche die Formen der Tiere anregen und beseelen.
Das Tierreich ist uns sehr vertraut. Es steht dem unseren nahe. Wir müssen nicht weiter darauf eingehen.

6. *Die Ebene der* ELEMENTAR-GEISTER (C): beherbergt solche geistigen Wesenheiten, die wirkend zwischen dem tierischen und menschlichen Bereich stehen. Die höchste Stufe ihrer Entwicklung ist halb-menschlich.

7. *Die Ebene des* MENSCHEN-GEISTES: Sie wissen, daß jede der vorgenannten Ebenen noch einmal in sich 7 Unterteilungen, 7 untergeordnete Ebenen hat.
Der Durchschnittsmensch ist heute bis zur 5. untergeordneten Ebene des Menschen-Geistes vorgedrungen. Nur die höchst-entwickelten Menschen haben bereits die Schwelle überschritten, waren auf der 5. Ebene und entwickeln sich über diese Grenzen hinaus.
Es hat das menschliche Geschlecht Millionen Jahre gekostet, um diese Stufen oder Ebenen zu erreichen —

und es wird noch viel Zeit vergehen, bis wir auch die
6. und 7. Ebene erreicht haben und noch darüber hinaus
gehen.
Die heutige menschliche Rasse ist auf der 5. Ebene mit
Nachzüglern von der 4., die auch auf DEM WEG sind.
Den Menschen der 6. Ebene bezeichnen die Hermetiker als den »Super-Menschen« — und den der
7. Ebene als den »Über-Menschen«.

Jetzt sollten wir von der ›GROSSEN SEELISCHEN EBENE‹
zur ›GROSSEN GEISTIGEN EBENE‹ weitergehen.
Aber wie können wir diese höchsten Formen von
Sein, Leben und Geist erklären, wenn wir mit unserem
Vorstellungsvermögen schon nicht an die hohen Wesenheiten der vorhergehenden Stufen heranreichen?
Wir können doch nur in ganz allgemeinen Begriffen
reden. Wie kann denn ›Licht‹ einem Menschen erklärt
werden, der blind geboren ist?
Alles, was wir sagen können über die SIEBEN Stufen
der GROSSEN GEISTIGEN EBENE ist, daß hier höchste
geistige Wesenheiten wirken, die in reinste Energie ge-
kleidet sind — höchste ›göttliche geistige Wesenheiten‹.
Auf diesen SIEBEN Stufen der ›GROSSEN GEISTIGEN
EBENE‹ sind Wesenheiten, die wir bezeichnen mögen
mit den Begriffen Engel, Erzengel, Halbgötter.
Auf den unteren Stufen weilen die Geistigen Größen der Eingeweihten — auf den höheren die der Götter.
Diese Wesenheiten übersteigen unsere höchsten Ahnungen und Vorstellungen. Wir können sie nur als
›göttlich‹ bezeichnen. Viele dieser Geistigen Wesenheiten *haben ein größtes Interesse an unserer Entwick-*

lung — sie wirken zu einem bedeutenden Teil mit an unseren Angelegenheiten.

Diese unsichtbaren ›Göttlichen Wesenheiten‹ haben ihren Einfluß auf die Evolution und den kosmischen Prozeß. Ihre gelegentliche Einmischung und Unterstützung in menschlichen Angelegenheiten haben zu den vielen Legenden, Glaubensrichtungen, Religions-Systemen und Traditionen der menschlichen Rasse, der Vergangenheit und Gegenwart geführt. Sie haben immer und immer wieder ihre Weisheit und Macht ausgegossen über die Welt — natürlich unter der Führung und dem Geistigen Gesetz von ›DER ALLES‹.

Aber selbst diese höchsten ›Göttlichen Geistigen Wesen‹ existieren als Schöpfung von ›DER ALLES‹ und wirken und leben in SEINEM GEIST und dienen den Kosmischen Prozessen und den Gesetzen des Universums, um den Menschen auf ihrem Weg nach oben zu helfen.

Die atomare Ebene, die Energie-Ebene, die Ebene des menschlichen Geistes, die Ebene der Erz-Engel usw. sind alles ›Grad-Einteilungen‹ auf ein- und derselben Skala; der Unterschied besteht nur in den Graden und Schwingungsstärken. Und alles sind Schöpfungen von ›DER ALLES‹; sie haben ihre Existenz ausschließlich im Ewigen Geist von ›DER ALLES‹.

Das zweite Gesetz
der Hermetischen Wissenschaft

›DAS GESETZ DER ENTSPRECHUNG‹ beinhaltet die Weisheit
»wie oben so unten – wie unten so oben«. Es zeigt, daß
alles miteinander universal vernetzt ist. Ein einzigartiges
universales Informationssystem. Je mehr der Mensch durch
ein errungenes und gelebtes weisheitsvolles Wissen sein Bewußtsein entfaltet, desto mehr kann er sich in dieses Informationssystem einschalten und Ideen wie Vorgänge höherer
Art erleben, die seinen Alltag immens bereichern können.

Potentiell hat der Mensch die Fähigkeit in sich, durch ein
geläutertes Denken, Reden, Fühlen, Wollen und Handeln
sich zu einem so lauteren, reinen Kanal zu entwickeln,
durch den dann Informationen und Kräfte aus höheren
geistigen Ebenen in ihn einfließen können, die ihn durchdringen und in einer Kettenreaktion auf den Schwingungen
seiner Seele wie seines Bewußtseins auf Mitmenschen und
Natur inspirierend, erhebend und ebenso erlösend einwirken.

Alle SIEBEN Hermetischen Gesetze sind in voller Aktivität und Wirksamkeit auf den vielen verschiedenen Ebenen
des Physischen, Seelischen und Geistigen Planes. Das GE-
SETZ DER ENTSPRECHUNG manifestiert sich in allem, denn
zwischen allen Ebenen sind Entsprechungen, Harmonie
und Übereinstimmung.

Das dritte Gesetz der Vibration und Schwingung

»Nichts ruht, alles bewegt sich, alles vibriert und schwingt.«

Das Große Hermetische GESETZ DER VIBRATION UND
SCHWINGUNG sagt, daß Vibration und Schwingung sich im
ganzen Universum zeigen, alles bewegt sich, vibriert,
schwingt und zirkuliert.

All das, was wir ›Materie‹ und ›Energie‹ nennen, sind verschiedene Modifikationen von Vibrationen und Schwingungen.

Die Okkultisten und Geheimwissenschaftler sagen aus, daß das Phänomen des Geistes ebenfalls eine Modifikation von Vibrationen und Schwingungen ist.

Von der höchsten Manifestation bis zur niedrigsten: alles schwingt. Die Schwingungen sind von unterschiedlicher Stärke. Je höher der Grad auf der Schwingungsskala, desto höher ist die Ebene und desto höher sind die Erscheinungsformen des LEBENS auf dieser Ebene.

Die Moleküle, die in jeder Materie sind, sind in ständiger Vibration und Bewegung. So die Atome und alle Teilchen. Und so sehen wir, daß alle Formen der Materie eine ständige Schwingung offenbaren — in Übereinstimmung mit dem Hermetischen Gesetz, daß alles Vibration und Schwingung ist.

Genauso ist es mit den verschiedenen Formen der Energie. Licht, Hitze, Magnetismus, Elektrizität sind die diversen Erscheinungsformen von Vibrationen und Schwingungen, die vom Äther ausgestrahlt werden.

Die Hermetische Wissenschaft lehrt, daß die Kohäsion das Prinzip der ›molekularen Anziehungskraft‹ ist, die chemische Affinität das Prinzip der ›atomaren Anziehungskraft‹, und die Gravitation — das größte Geheimnis dieser drei — das Prinzip (Gesetz) der Anziehung ist, durch das jedes Partikelchen oder jede Masse von Materie gebunden ist an jedes andere Materie-Teilchen.

Nehmen wir jetzt einmal zur Illustration ein sich bewegendes Rad, einfach um den Effekt der verschiedenen ansteigenden Schwingungsgrade zu demonstrieren: Das Rad — wir wollen es ›das Objekt‹ nennen, dreht sich langsam um seine eigene Achse. Wir hören keinen Ton. Die Geschwindigkeit steigert sich. Bald ist sie so schnell, daß wir ein tiefes

Brummen hören. Bei weiter ansteigender Geschwindigkeit sind nacheinander die Töne der Tonleiter wahrzunehmen. Die Töne werden höher und höher beim Zunehmen der Geschwindigkeit. Und — wie Sie wissen — die Töne erreichen eine so hohe Vibration und Schwingung, daß das menschliche Ohr sie nicht mehr registrieren kann, und es folgt Stille. Dann nehmen wir die verschiedenen Hitzestärken wahr. Nach einer ganzen Weile kann das Auge einen schwachen Schimmer einer dumpfen dunkelroten Farbe des Objektes aufnehmen.

Wenn die Geschwindigkeit weiter zunimmt, wird das Rot heller, bis es ins Orange schmilzt, dann ins Gelb, Grün, Blau, Lila und Violett.

Dann schmilzt auch das Violett — alle Farben verschwinden — und das Auge kann sie nicht mehr verfolgen.

Doch jetzt sind da unsichtbare Strahlen, welche von dem Objekt ausgehen, Strahlen, die in der Fotografie verwendet werden, und andere subtile Lichtstrahlen.

Dann kommen die X-Strahlen, wenn die Konstitution des Objektes sich weiter ändert.

Elektrizität und Magnetismus werden ausgeströmt, wenn eine besondere Schwingungsstärke erreicht ist. Bei einer weiteren entsprechenden Schwingungsstärke spalten sich die Moleküle und wandeln sich in ihre ursprünglichen Elemente oder Atome.

Und die Atome, die dem GESETZ DER VIBRATION UND SCHWINGUNG folgen, separieren sich in ihre unzähligen Teilchen, aus welchen sie sich zusammensetzen.

Und schließlich verschwinden auch diese Teilchen — und das Objekt ist von Ätherischer Substanz.

Die Naturwissenschaft wagt nicht, diese Illustration weiter zu verfolgen, aber die Hermetische Wissenschaft geht nun noch weiter und lehrt, daß — wenn die Schwingungen sich kontinuierlich steigern — das Objekt (von dem wir ja ausgegangen sind) weiter verändernd aufsteigt und sich in die verschiedenen seelischen Stufen verwandelt — weiter geistwärts —, bis es schließlich wieder eintritt in ›DER ALLES‹, welcher absoluter Geist ist.

Das Objekt hat natürlich längst aufgehört, ein Objekt zu sein — schon lange bevor es die Stufe der ›Ätherischen Substanz‹ erreicht hatte — die Illustration ist insoweit korrekt, als es den Effekt anzeigt der beständig ansteigenden Vibrationsgrade und Schwingungsstärken.

Die schöpferische Kraft des Geistes, die alle Dinge schafft und gestaltet, diese schöpferische Kraft wird hineingezogen in alle geschaffenen Dinge — und erlöst sich daraus wieder, wie unsere Erläuterung zeigt, — kehrt zurück in den Allgeist.

Alle Gedanken, Gefühle, jeder Wille, jeder Wunsch — jeder seelische Zustand, sind begleitet von Vibrationen und Schwingungen, die ausgesandt werden und das Gemüt, den Geist des Urhebers selbst und anderer Personen beeindrukken (siehe auch mein Buch DAS ALPHA-TRAINING, ›Die Originalmethode‹, Oesch Verlag, Zürich).

Das Gesetz der Vibration und Schwingung erzeugt auch die Telepathie, seelische Einflußnahme und andere Formen geistiger Macht (Geist über Geist).

Jeder Gedanke, jedes Gefühl, jedes seelische Stadium hat seine entsprechenden Stufen der Vibration und Schwingung. Und bei einer Willensanstrengung von Ihnen können gewünschte entsprechende seelische Zustände ›erzeugt‹ werden, gerade so, wie ein musikalischer Ton erzeugt wird, indem man das Instrument auf einer gewissen Stufe vibrieren läßt — oder wie eine Farbe durch ›Vibrationen und Schwingungen‹ erzeugt wird. Um diese gewünschten seelischen Zustände zu erreichen, helfen die geistigen Techniken des FRIEBE-ALPHA-TRAININGS (›Das Alpha-Training‹, Oesch Verlag, Zürich).

Ein Wissen von diesem GESETZ DER VIBRATION UND SCHWINGUNG befähigt Sie, dieses Gesetz auf jeden seelischen Zustand anzuwenden. Alle Übungen, die Sie im FRIEBE-ALPHA-TRAINING lernen, erzeugen Vibrationen und Schwingungen. So erhalten Sie eine Kontrolle über Ihren jeweiligen seelischen Zustand und können dadurch im positiven Sinn bestimmend und befruchtend auf sich und Ihre Umwelt einwirken.

Die großen Meister und Eingeweihten können durch Anwendung des ›GESETZES DER VIBRATION UND SCHWINGUNG‹, die Gesetze der Natur außer Kraft setzen.

In Wirklichkeit wenden sie nur ein Gesetz gegen das andere an. Sie erreichen ihre Resultate, indem sie die Vibrationen und Schwingungen der Materie oder auch der Energie-Zustände verändern – und so vollbringen sie etwas, was man im Volksmund ›Wunder‹ nennt.

Die Hermetiker sagen: »Die DAS GESETZ DER VIBRATION UND SCHWINGUNG verstehen, haben das Zepter der Macht ergriffen.«

Das vierte Gesetz der Polarität – Entwicklung zum Höheren

Das große vierte HERMETISCHE GESETZ DER POPULARITÄT verkörpert die Wahrheit, daß alle Erscheinungen zwei Seiten haben, zwei Aspekte, zwei Pole, ein gegensätzliches Paar mit verschiedenen Abstufungen zwischen den Polen. Die Hermetische Wissenschaft lehrt, daß die gegensätzlichen Paare (heiß – kalt; Liebe – Haß) sich aussöhnen, sich finden, und daß Thesis und Antithesis identisch vom Ursprung sind, aber unterschiedlich vom Grad, von der Abstufung her. Die universale Aussöhnung, Vereinigung der Gegensätze, ist erkennbar durch das ›GESETZ DER POPULARITÄT‹.

Die großen Lehrer und Meister zeigen, daß Geist und Materie die zwei Pole ›derselben‹ Sache sind. Die dazwischen liegenden Bereiche oder Ebenen sind nur Grad-Unterschiede der Vibrationen und Schwingungen. Sie zeigen, daß ›DER ALLES‹ und die Vielfältigkeiten dasselbe sind, die Unterschiede sind lediglich gradueller Art von geistig-seelischen Erscheinungen. So umfassen das ›göttliche Gesetz‹ und ›alle Gesetze‹ die zwei gegensätzlichen Pole derselben Sache. So sind auch die Gegensätze: göttlicher-unsterblicher Geist und sterblicher Geist — dasselbe.

Auf dem physischen Plan demonstriert dieses Gesetz, daß ›Hitze und Kälte‹ identisch sind. Zwischen diesen beiden Temperatur-Polen können Sie von heiß oder kalt sprechen — es ist egal, wie sie die Temperatur bezeichnen — Sie haben immer recht. Der höhere von zwei Graden ist immer wärmer — wie der niedrigere von zwei Graden immer kälter ist. Es gibt keinen absoluten Standard. Alles sind nur ›graduelle‹ Unterschiede. Es ist alles eine Angelegenheit von höheren oder niedrigeren Schwingungen.

Die Begriffe ›hoch und niedrig‹, welche wir gezwungen sind zu benutzen, sind die zwei Pole derselben Sache — die Terminologie ist relativ. So ist es mit ›hell‹ und ›dunkel‹. Diese beiden Begriffe sind zwei Pole derselben Sache, mit vielen graduellen Abstufungen dazwischen.

Dasselbe ist es mit der Tonleiter. Beginnen Sie mit dem ›großen C‹ — gehen Sie höher — und Sie erreichen ein anderes ›großes C‹ usw. Auch hier liegen die Unterschiede zwischen den graduellen Abstufungen der Pole, die dieselbe Sache darstellen. Unser enges Bewußtsein erlaubt uns nur die Wahrnehmung eines oder verschiedener Details vom ›Göttlichen Ganzen‹.

Auch die Skala der Farben repräsentiert ein Ganzes, eine Einheit. Graduelle Unterschiede, Färbungen derselben Sache — mit höheren und niedrigeren Schwingungen — das ist der einzige Unterschied zwischen leuchtendem Violett und dunklem Rot.

Gut und Böse — sie stellen nichts Absolutes dar. Wir nennen das eine Ende der Skala ›gut‹ — und das andere Ende ›böse‹ oder das eine Ende das ›Gute‹ — und das andere Ende ›das Übel‹. Eine Angelegenheit ist ›weniger gut‹ wie eine andere, die etwas ›höher‹ auf der Skala liegt —; aber umgekehrt ist diese ›weniger gute‹ Angelegenheit oder Sache ›besser‹ (mehr gut) als die Sache, die unterhalb der ›weniger guten‹ liegt!

Und so ist es auf der ›Seelischen Ebene‹: Liebe und Haß‹ betrachtet man gewöhnlich als ›entgegengesetzte‹ Zustände, vollkommen unterschiedlich, unvereinbar. Aber nun wenden wir das GESETZ DER POLARITÄT an: und wir erkennen, daß es keine ›Absolute Liebe‹ und keinen ›Absoluten Haß‹ gibt.

Die beiden Begriffe ›Liebe und Haß‹ sind Begriffe, die angewandt werden auf die beiden Pole derselben Sache. Wir können an irgendeinem Punkt der Skala beginnen, und wir finden mehr Liebe und weniger Haß, wenn wir die Skala hinaufsteigen — und wenn wir uns auf der Skala hinunter bewegen, finden wir mehr Haß und weniger Liebe — das ist wahr! — unabhängig auf welchem Punkt der Skala wir starten — hoch oder niedrig.

Mut und Furcht fallen unter dasselbe Prinzip. Die zwei Pole existieren überall.

Und dieses GESETZ DER POLARITÄT wenden die Hermetiker an. Es ermöglicht ihnen, einen seelischen Zustand in einen anderen umzuwandeln entlang der Linie der Polaritäts-Skala.

Zustände, Dinge, die zu verschiedenen Kategorien gehören, können nicht ›untereinander‹ umgewandelt werden. Nur Zustände, Dinge derselben Kategorie können verändert werden. So kann sich Liebe niemals in Ost oder West verwandeln – aber sie kann sich in Haß verwandeln – und Haß wieder in Liebe durch Umwandlung der Pole. Die Umwandlung kann nur immer stattfinden zwischen Dingen und Zuständen derselben Kategorie. Wenn man das GESETZ DER POLARITÄT verstanden hat, erkennt man, daß die seelischen Veränderungen durch einen Auf- oder Abstieg entlang der Polaritäts-Skala erfolgen. Der Wechsel geschieht nicht durch Transmutation von einer Sache in eine gänzlich andere, sondern ist eher ein *gradueller* Wandel in derselben Sache; ein höchst wichtiger Unterschied.

Nehmen wir einmal den Fall eines ›ängstlichen‹ Mannes: Indem er seine seelischen Schwingungen auf der ›Furcht-Mut-Skala‹ ansteigen läßt, kann er im höchsten Maße mit Mut und Furchtlosigkeit erfüllt werden. Schwächen hat er so in Stärken umgewandelt. In der Praxis haben Sie dafür die geistigen Techniken des FRIEBE-ALPHA-TRAININGS, die Ihnen ebenfalls helfen, aus Schwächen Stärken zu machen.

Durch das Anwenden dieser geistigen Techniken, die ja in Übereinstimmung gehen müssen mit einer Änderung Ihrer inneren Einstellung, verändern Sie Ihre geistig-seelischen Schwingungen. Sie verändern Ihr Bewußtsein – und rutschen auf der Polaritäts-Skala zum positiven Pol – mit seinen entsprechenden positiven Schwingungen und den dazugehörigen erfreulichen inneren und äußeren Erlebnissen.

Der Student der Geisteswissenschaft erkennt klar, daß sowohl auf der Seelischen wie auch auf der Physischen Ebene die zwei Pole klassifiziert sind in ›positiv‹ und ›negativ‹. So ist ›Liebe positiv zu Haß‹, ›Mut zu Furcht‹ – usw. Und selbst die, welche mit dem Gesetz der Schwingung nicht vertraut sind, erkennen doch, daß der ›positive Pol‹ graduell *höher* erscheint als der ›negative Pol‹, und somit eindeutig dominiert. Die Tendenz der Natur geht somit in Richtung der dominierenden Aktivität des positiven Poles. Hieraus leitet sich eindeutig die Entwicklung zum Guten ab. Zeitliche Vorstellungen dürfen wir hierbei nicht mit einbeziehen. Sie entziehen sich dem menschlichen Vorstellungsvermögen.

Zusätzlich zu der Umwandlung der Pole des eigenen seelischen Zustandes durch die Anwendung des ›GESETZES DER POLARITÄT‹, das uns ja die seelische Steuerung und die vielen Möglichkeiten zeigt, zusätzlich also zu jener Umwandlung können wir dieses Prinzip ausdehnen.

Wir nehmen Einfluß (was wir ja unbewußt immer machen) auf den seelischen Zustand anderer Personen. Wenn wir verstehen, daß eine geistige Beeinflussung, Induktion, möglich ist, d. h., daß gewisse seelische Zustände durch Beeinflussung anderer erzeugt werden, dann erkennen wir auch, daß eine bestimmte Schwingungsstufe oder eine Polarisierung auf ein bestimmtes seelisches Stadium auf eine andere Person übertragen werden kann. Der seelische Zustand dieser anderen Person ändert sich, sie erzeugt eine Änderung, eine Verschiebung auf der Skala ›ihrer‹ Polarisierung.

Ein Geisteswissenschaftler kann seinen geistig-seelischen Zustand durch seinen ›trainierten Willen‹ auf die gewünschte Schwingungsstufe erheben − und so kann er für sich selbst den gewünschten Polarisierungs-Grad erreichen und im anderen einen ähnlichen seelischen Zustand durch Übertragung hervorrufen. Das Ergebnis ist, daß sich die Schwingungen im anderen steigern und die Person sich mehr zum positiven Pol hin polarisiert als zum negativen − und so sind z. B. Furcht oder andere negative Emotionen umgewandelt in Mut und in ähnliche positive seelische Zustände.

Eine Kenntnis von der Existenz dieses großen HERMETISCHEN GESETZES DER POLARITÄT wird den Studenten der

Hermetischen Wissenschaft befähigen, seinen eigenen seelischen Zustand und den der anderen besser zu verstehen. Er erkennt, daß die seelischen Zustände eine Grad-Angelegenheit auf der Polaritäts-Skala sind, und durch diese Erkenntnis kann er sich durch seinen Willen befähigen, seine seelischen Schwingungen zu senken oder zu steigern, seine seelischen Pole zu wechseln. Dadurch ist er Meister seiner seelischen Zustände und nicht ihr Sklave. Im besten Sinne ist er eine wertvolle Hilfe für seine Mitmenschen.

Ganz besonders wichtig ist also die treu geübte Konzentration auf den ersehnten Zustand. Die Konzentration ist wie ein Magnet, der allmählich alle im Unterbewußtsein brachliegenden Ideen, Energien und auch Motivationen aktiviert, die notwendig sind, um das Ersehnte zu erleben. *Worauf Sie Ihr Bewußtsein richten, damit ist Ihre Seele erfüllt!* Richten Sie es auf den negativen Pol der Unvollkommenheiten, der Dramen und Tragödien, so erlebt Ihre Seele gemäß dem Gesetz der Entsprechung und dem Gesetz der Schwingung entsprechende negative, düstere Schwingungen. Dann schaffen Sie sich die Tendenz zu Nörgeleien, befähigen sich, überall das Belastende zu sehen, und bleiben vor allem in der belastenden Schwingung hängen und wirken belastend auf Mitmenschen und Umwelt ein.

Heraus kommen Sie nur, wenn Sie sich ausdauernd darin üben, immer wieder ihr Bewußtsein auf das Schöne zu richten, die kleinen und größeren erfreulichen Dinge, all das Liebenswerte — insgesamt also auf den positiven Pol. Auch das reine Vorstellen erfreulicher Dinge und Zustände gehört hierzu. Rückwirkend erzeugen Sie ›entsprechende‹ positive Schwingungen in Ihrer Seele, die Sie veredeln und die Sie dadurch stark und fähig macht, bei allen Schwierigkeiten stets die andere Seite, das Höhere, Bessere zu entdecken.

Eine solchermaßen starke Seele gibt konstruktive Ideen und positiv belebende Gefühle frei, die überall zu einer höheren Entwicklung beitragen. Dadurch entwickeln Sie sich

52

auf den höheren Pol Ihres Seins, auf eine höhere Schwingungsebene mit allen entsprechenden erfreulichen und erhebenden Erlebnissen.

Wir können nur veränderte Bewußtseins-Zustände — und damit andere, weitere Bewußtseins-Dimensionen erreichen — wenn wir dieses GESETZ DER POLARITÄT mehr und mehr beherrschen durch einen ›trainierten Willen‹, (der aus dem Wunsch zu WOLLEN resultiert).

Wenn wir mehr und mehr durch eine treue Übung im klaren, reinen philosophischen Denken die unaussprechlich bedeutsame, hohe, sinnvolle Entwicklung des menschlichen Seins erkennen, dann überwinden wir den kleinen Alltagswillen, der sich immer wieder enttäuscht fühlt, wenn sein Willen sich nicht genügend durchsetzen kann oder nicht beachtet wird — oder auch wenn sein Willen und seine Wünsche keine ersehnte Erfüllung bringen.

Doch je intensiver der Mensch durch das erwähnte klare Denken — das sich diszipliniert nicht von unwesentlichen Banalitäten irritieren läßt — sein Bewußtsein entfaltet und dadurch die beseelten Schwingungen höherer geistiger Ebenen erleben kann, desto stärker wird er gleichzeitig von einem höheren Willen durchdrungen.

Ein Wille, der in Übereinstimmung mit den kosmischen Gesetzen sich danach sehnt, SEINEN WILLEN durch sich wirken zu lassen. Ein unendliches Glücksgefühl ist damit verbunden, weil alle Schmerzen in SEINEM WILLEN schmelzen.

Das fünfte Gesetz des Rhythmus

Das große fünfte HERMETISCHE GESETZ DES RHYTHMUS beinhaltet die Wahrheit, daß in allen Erscheinungen eine regelmäßige Bewegung ist, eine ›Hin- und Her-Bewegung‹, ein ›Einströmen und Ausströmen‹, ein ›Vorwärts- und Rückwärtsschwung‹, eine Bewegung, die einem Pendel gleicht, eine Gezeiten-ähnliche ›Ebbe-und Flut‹-Bewegung; Bewegung, Rhythmus zwischen den zwei Polen, die auf der physischen, seelischen und geistigen Ebene erscheinen. Das GESETZ DES RHYTHMUS ist eng verbunden mit dem GESETZ DER POLARITÄT. Rhythmus manifestiert sich zwischen den beiden Polen. Dies bedeutet nicht, daß das Pendel des Rhythmus zu den extremen Polen schwingt, dies passiert sogar sehr selten. Das Pendel schwingt immer in Richtung des einen Poles oder des anderen.

Es ist immer eine Aktion und Reaktion. Ein Aufsteigen und ein Niedergang.

Dies drückt sich in allen Phänomenen des Universums aus. Das GESETZ DES RHYTHMUS erscheint in Sonnensystemen, wie in Welten und Menschen, Tieren, Pflanzen, Mineralien, Kräften und Energien, wie in der Materie, ja auch im Geistigen. Dieses Gesetz erscheint in der ›Entstehung‹, Schöpfung ›von Welten‹ und in ›ihrer Zerstörung‹, ebenso wie im Entstehen und Vergehen von Nationen — und natürlich in den seelischen Zuständen der Menschen.

Wenn wir mit den Erscheinungen des Geistes von DER ALLES beginnen wollen, so stellen wir fest, daß da immer ein ›Ein- und Ausfließen‹, ein ›Einatmen und Ausatmen‹ von Göttlicher Substanz ist. Universen werden geschaffen, erreichen ihren niedrigsten Punkt, den der Materie, und dann beginnt wieder der Aufwärtsschwung. Sonnen werden geschaffen, und wenn der Höhepunkt ihrer Macht und Kraft erreicht ist, dann beginnt der Abstieg, der Rückgang — und nach Äonen werden sie eine tote Masse von Materie. — Und sie erwarten einen weiteren neuen Impuls, der ihre innere Energie erneut in Gang setzt, der ihre Aktivität anfacht. — Und ein neuer Sonnenzyklus beginnt. Und so ist es mit allen Welten: sie werden geboren, wachsen und sterben, nur um ›wiedergeboren‹ zu werden. Und so ist es auch mit allen Dingen von Form und Gestalt: sie schwingen von Aktion zu Reaktion; von Geburt zu Tod — von Tod zu Geburt — von Aktivität zu Inaktivität — und wieder zurück.

So ist es mit allen lebendigen Dingen:

Sie werden geboren — wachsen — sterben — und werden dann wiedergeboren (es gibt keinen endgültigen Tod. Das entspricht nicht dem Geistigen Gesetz).

Dieses GESETZ DES RHYTHMUS zieht sich auch durch alle großen Entwicklungen, Philosophien, Glaubensbekenntnisse, Sitten, Regierungen, Nationen usw. In allem finden Sie den Rhythmus von: Geburt, Wachstum, Reife, Verfall, Tod. Der Pendelschlag ist immer offensichtlich. Die Nacht folgt dem Tag und der Tag der Nacht. Das Pendel schwingt vom Sommer zum Winter — und dann zurück.

Alle Teilchen, Atome, Moleküle, alle Materie-Masse drehen sich, schwingen um ihren Natur-Zyklus. Es gibt keine absolute Ruhe, keinen Stillstand der Bewegung — und alle Bewegung hat Anteil am Rhythmus.

Dieses GESETZ DES RHYTHMUS ist von universaler Anwendung. Das universale Pendel ist in ständiger Bewegung. Die ›Gezeiten‹ des Lebens fließen ein und aus — dem Gesetz entsprechend.

Das GESETZ DES RHYTHMUS ist allgemein bekannt bei den Naturwissenschaftlern und wird berücksichtigt und angewandt im physischen Bereich.

Die Hermetiker tragen dieses Gesetz noch viel weiter hinaus, denn sie wissen, daß seine Wirkung in allen seelischen Zuständen der Menschen sich niederschlägt. Beim Studium über die Wirkungen des Rhythmus-Gesetzes lernten die Hermetiker, wie man einigen negativen Auswirkungen entkommt — durch Transmutation. Sie entdeckten, daß es zwei allgemeine Bewußtseins-Ebenen gibt: die niedrigere und die höhere. Indem sie sich auf die höhere Bewußtseins-Ebene versetzten, entkamen sie den Wirkungen des Pendelschlages auf der niedrigeren Ebene. Sie stehen erhaben darüber. Die Hermetiker bezeichnen dies als das Gesetz der

Neutralisierung. Dasselbe machen Sie, wenn Sie mit den Techniken (meditativen Übungen, die das Bewußtsein schulen) des FRIEBE-ALPHA-TRAININGS arbeiten. (Siehe Seiten 68 ff. und 95 ff. des DAS ALPHA-TRAINING — die Originalmethode von G. und M. Friebe, Oesch Verlag, Zürich). Sie erheben sich mit den Techniken des FRIEBE-ALPHA-TRAININGS auf eine andere Bewußtseins-Stufe; Sie entkommen den negativen Schwingungen und dem Pendelschlag zum negativen Pol hin. Sie polen um!

Wenn Sie sich über einen Gegenstand erheben würden, so daß er unter Ihnen durchgleiten kann, so ist dieser Vorgang dem seelischen Prozeß ähnlich.

Der Hermetiker polarisiert sich zum gewünschten Pol und durch eine ›Weigerung‹, am Rückwärtsschwung des Pendelschlages zum negativen Pol hin teilzunehmen — eine Weigerung, *nicht* gewünschte Einflüsse anzunehmen —, steht er fest und unerschütterlich im Wirkungsbereich seiner polarisierten Position. Ungerührt erlebt er den Pendelschlag zum anderen Pol hin.

Alle Persönlichkeiten, die ein gewisses Maß an Selbstbeherrschung und -steuerung erreicht haben, wenden mehr oder weniger bewußt dieses ›Gesetz der Neutralisierung‹ an, indem sie sich nicht erlauben, daß ihre Launen und negativen Gefühle sie beeindrucken oder beherrschen.

Sie haben hier die große Hilfe, durch die Techniken des FRIEBE-ALPHA-TRAININGS unterstützend zu wirken, sich ›programmierend‹ über momentane Zustände zu erheben — und sich sogar allmählich in ein gewünschtes Bild zu verwandeln. Sie polarisieren sich um. Sie machen aus Schwächen Stärken! Ich erwähnte dies nur, damit Sie einen möglichen Entwicklungsweg kennenlernen können, doch es gibt diverse andere seriöse Wege.

Durch einen ›Willens-Einsatz‹ erreicht der fortgeschrittene Hermetiker ein hohes Maß an seelischer Ausgeglichenheit und Beständigkeit, das unvorstellbar für diejenigen ist, die noch hin- und hergezogen werden vom seelischen Pendelschlag ihrer Stimmungen und Emotionen.

Jeder denkende Mensch anerkennt die Bedeutung dieses fünften GESETZES DES RHYTHMUS. Denn es ist offensichtlich, wie die Mehrheit der Menschen Kreaturen ihrer Neigungen, Stimmungen und Gefühle sind, wie wenig sie sich selbst beherrschen und steuern können.

Wenn Sie einmal einen Moment nachdenken, dann erkennen Sie, wie stark die Pendelschläge des Rhythmus Sie in Ihrem Leben beeindruckt haben. Ein Verstehen der Gesetzmäßigkeit und Wirkungsweise vom GESETZ DES RHYTHMUS gibt Ihnen den Schlüssel zu diesen rhythmischen Pendelschlägen. Es ermöglicht, daß man sich besser versteht (und auch den anderen) — und man vermeidet, hinweggetragen zu werden von diesem ewigen Hin und Her.

Der WILLE steht noch über den Wirkungen vom GESETZ DES RHYTHMUS, obwohl das Gesetz selber niemals zerstört werden kann. Wir können — wie geschildert — seinen Wirkungen entfliehen, aber das Gesetz ist dennoch immer in Kraft. Die Pendelschläge des Rhythmus schwingen beständig, unaufhörlich, aber wir können verhindern, von ihnen mitgezogen zu werden. Die Hermetiker verstehen unter dem WILLEN nicht etwas Zwanghaftes, Verkrampftes, sondern den WILLEN, der aus dem Wunsch, wahrhaft zu WOLLEN, resultiert.

Peryt Shou wurde bei seinem Aufenthalt in Ägypten, wo er bei Ausgrabungen zugegen war, die am Sphinx-Tempel vorgenommen wurden, an die ihm bekannten Dekan-Tafeln der alten Ägypter erinnert. Dieser Ägypten-Aufenthalt veranlaßte ihn, sich erneut mit den Dekan-Tafeln, die auch als ›Tafeln des Urwissens der Menschheit‹ bezeichnet werden, zu befassen. Die ›Tafeln des Urwissens‹ stellen die Ur-Religion dar, die nur *ein Gesetz* kennt. Es ist das Gesetz, welches mit dem Menschen geboren wird. (Der ›eingeborene‹ Sohn ist ›das Gesetz‹.) Das Gesetz, welches der Mensch selbst darstellt. Das göttliche Gesetz, das in jedem Menschen angelegt ist. Das göttliche Gesetz im Menschen heißt in den ›Tafeln des Urwissens‹ *der Sohn,* der ›Isah‹.

Nach Peryt Shou ist ›Das Gesetz‹ ein lebendiges und kein totes. Der Sohn ist der LOGOS, der Geist Gottes, das (lebende) Gesetz im Menschen, CHRISTUS. Der Mensch wird, wenn er sich ausdauernd genug mit seinem Bewußtsein auf diesen in ihm (in seinem ICH im Sinne des höheren Selbstes) wirkenden CHRISTUS-LOGOS, den Geist Gottes, einstellt, das in ihm lebende Gesetz immer mehr erkennen. Ist er bemüht, nach diesem Gesetz zu leben, dann durchströmt ihn Harmonie. Alle seine Wünsche, *die im Einklang mit dem Gesetz stehen,* werden erfüllt.

Dieses göttliche Gesetz stellt den göttlichen Willen, den Ur-Willen dar. Im Begriff ›Willen‹ ist der ›Ur-Wille‹ enthalten. Ein alter Begriff für Wille, den wir in der Bibel bei Moses wiederfinden, ist das ›Hewila‹. Richtig müßte es nach Peryt Shou ›Hwila‹ heißen, denn gerade die Buchstaben ›hw‹ sind ein magischer Anlaut. ›Hwila‹ ist das germanische ›Licht-Wil‹. Der Ur-Wille, der heilige Wille, der Licht-Wille, der dem Menschen immer *inneres Gesetz* werden muß, so daß er dem göttlichen Gesetz dient.

Dann braucht der Mensch keine äußeren Gesetze mehr. Es ist der eigene Wille, den der Mensch entwickelt, der sich im LOGOS mit dem göttlichen UR-WILLEN (dem Gesetz) verbindet. Durch diesen eigenen heiligen Willen − ›Hwila‹ − können die geistigen Gesetze gelebt und erlebt werden.

Diesen eigenen Willen könnte man auch mit ›Ein-Willen‹ bezeichnen. Der Ein-Wille, der identisch mit dem Ur-Willen ist, der die geistigen Gesetze ausdrückt, die wieder zu einer Ur-Religion beitragen können, wie sie die ›Tafeln des Urwissens‹ darstellen.

An dieser Stelle möchte ich Ihnen die großen Pendelschläge des Rhythmus der verschiedenen Leben bewußt machen:

ein Pendelschlag zieht den Menschen schließlich ganz in eine geistige Dimension. Es ist ein langer Pendelschlag mit einer großen Kraft. Mit derselben Kraft schwingt er einmal wieder zurück in die irdische Dimension. Die hermetischen Wissenschaftler betrachten die Kette der Leben als kontinuierlich. Ein Leben ist nur ein Beitrag zur Entwicklung der umfassenden multidimensionalen Persönlichkeit, des hohen multidimensionalen Selbstes, das jeder in Wirklichkeit ist.

Das fünfte HERMETISCHE GESETZ DES RHYTHMUS bestätigt dem Menschen seine ewige Existenz. Der Kontakt zu einem Menschen wird nie unterbrochen. Hat ihn der Pendelschlag des Rhythmus nach seinem physischen Tod auf eine andere Bewußtseins-Ebene gebracht, so erlebt er dort gemäß seinem Wissen von geistigen Dingen − das um ihn Licht in der geistigen Welt verbreitet − die Vielfältigkeit geistiger Dimensionen. Sie sind um ein Vielfaches faszinierender als die Vielfältigkeiten der physischen Dimensionen, die uns ja auch beeindrucken. Jeder von uns kann dazu beitragen, daß die Menschen, die wieder einmal in die geistige Dimension gezogen wurden, gemäß ihren Erkenntnissen, die sie sich im physischen Leben erarbeitet haben, von den Eindrücken in der geistigen Dimension ›ungehindert‹ profitieren. Gehindert werden sie durch eine allzu starke Trauer und Verzweiflung der Menschen auf der physischen Ebene. Trauer ist unvermeidbar. Wenn durch eine Disziplin diese Trauer getragen wird von dem Wissen um die Weiterentwicklung des Menschen auf der geistigen Ebene − und wenn sogar ein Bemühen einsetzt, die Freude an dieser Weiterentwicklung des ›sogenannten Verstorbenen‹ auf der geistigen Ebene mitzuempfinden, dann gibt man ihm nicht nur den Weg frei zu einer ungehinderten Weiterentwicklung; es tritt dadurch etwas Besonderes ein: durch dieses Bemühen setzt ein Reifeprozeß ein. Beide Menschen − der auf dem physischen und der auf dem geistigen Plan − profitieren und beide spüren, daß eine wahre Trennung nur der ›Körper‹ erzeugt. Da nun dieses Körper-Kleid abgelegt wurde, ist damit auch die wahre Trennung aufgehoben — und ein ›immerwährendes‹ Zusammensein ist gewährleistet. Dies empfindet nur der, welcher seine Erkenntnis und sein Wissen ›lebt‹. Und er erfährt auch, daß er über die Brücke des Unterbewußtseins — der Seele — ständig weitere Hilfen und Ratschläge von dem ›sogenannten Verstorbenen‹ erhält. Wie umgekehrt auch der Mensch auf dem geistigen Plan ein großes Interesse an der geistigen Weiterentwicklung der Menschen auf dem physischen Plan hat — denn über die Brücke des Unterbewußtseins, in dem ja alles Wissen, alle Weisheit ruht — profitiert auch der Verstorbene weiterhin von Erkenntnissen, die der Mensch sich aneignet, den er liebt, denn zu ihm hat er durch die Liebe einen ständigen Kontakt und Zugang.

Die Erkenntnisse, die wir uns hier erarbeiten, bestimmen den Grad unseres Bewußtseins. Es ist nicht das *intellektuelle Wissen* gemeint, das sich auf alle *äußeren Erscheinungen* bezieht, sondern es geht um die Erkenntnisse, die aus dem Studium der Geisteswissenschaft, der Esoterik, gewonnen werden. Geistige Erkenntnisse dieser Art können Sie sich nur auf dem irdischen Planeten erwerben, indem Sie ihr vorurteilsfreies, reines Denken zum Erwerben dieser Erkenntnisse einsetzen. Ein solches reines Denken, das frei von Vorurteilen, Antipathien, Sympathien ist, ein Denken, das sich frei und ohne Einschränkung auf allen Ebenen und in allen Bereichen bewegen kann, dieses reine Denken führt zu einer Bewußtseins-Erweiterung. Wenn der Mensch sein physisches Körper-Kleid ablegt, empfindet er sich als voll bewußtes ICH-Wesen, das sich nun nach allen Richtungen und auf den diversen Ebenen frei entfalten kann.

Ein tief beglückender Zustand ist dies dann, wenn der Mensch seine Zeit auf dem irdischen Planeten genutzt hat, um durch das reine Denken geistige Erkenntnisse zu sammeln, die sein Bewußtsein erweitert haben. Denn dieser Bewußtseins-Grad ist ja wieder bestimmend dafür, welche Eindrücke und Erkenntnisse der sogenannte Verstorbene von den Vielfältigkeiten der geistigen Ebene aufnehmen kann. (Der sogenannte Verstorbene, der oft wacher ist als der auf dem physischen Plan Lebende).

Verstehen Sie nun, wie unendlich groß die Freude der sogenannten Verstorbenen auf der geistigen Ebene ist, wenn sie einen geliebten Menschen auf der physischen Ebene haben, der sich weiter um geistige Erkenntnisse bemüht. Liebevolle Gedanken an den Menschen in der geistigen Dimension sind der Träger, der diese Erkenntnisse zu ihm hinführt. Das kann — selbst nach dem physischen Tod — seinen Bewußtseins-Grad erweitern, so daß er mehr Eindrücke in der geistigen Dimension aufnehmen kann, was eine große Beglückung für ihn ist. Und von diesen Eindrücken, die er aufnimmt, können die Hiesigen auf dem physischen Plan wieder profitieren. So ist es ein ewiges Geben und Nehmen. Der Pendelschlag des immer wirkenden GESETZES DES RHYTHMUS.

Die Hermetiker fordern, daß ihre fortgeschrittenen Studenten in der Lage sind, dem Pendelschlag des Rhythmus zur negativen, zur niedrigeren Ebene hin zu entkommen. Indem sie sich auf eine höhere Stufe ihres ICHS entwickeln, vermeiden sie viele der Erfahrungen, welche die noch machen müssen, die sich auf der niedrigeren Ebene aufhalten. Das Entwickeln vom Alltags-Ich, das durch hypnotisches Starren auf Vergängliches egozentrische Züge hat, entlang der Polaritätsskala zum höheren Selbst, ist gemeint.

Jedes starre, intolerante Festhalten an Menschen, Situationen, Gegenständen — einfach an allem — widersetzt sich diesem Gesetz des Rhythmus, was Leid und Schmerzen als Folge bewirkt. Wer durch Kenntnis und Anwendung dieses Gesetzes bejahend mitgeht mit allen durch das wirkende

Gesetz des Rhythmus erzeugten Änderungen in allen Bereichen und Zuständen, der kann wahrhaftig heiter und gelassen wissend im Trubel des Lebens stehen.

Die Kenntnis und Anwendung des fünften hermetischen
GESETZES DES RHYTHMUS gibt die Möglichkeit der Entwick-
lung auf eine höhere Ebene, die den, der sie erreicht, mit
Harmonie und Freude durchdringt.

Das sechste Gesetz der Kausalität

»Jede Ursache hat ihre Wirkung. Jede Wirkung hat ihre Ursache.« Alles geschieht gemäß dem Gesetz. ›Zufall‹ ist nur
ein Begriff für ein Gesetz, das nicht erkannt wird.

Das große sechste Hermetische Gesetz, das GESETZ VON
URSACHE UND WIRKUNG, beinhaltet die Wahrheit, daß Gesetzmäßigkeiten das Universum durchdringen und daß
nichts durch Zufall geschieht. Zufall ist lediglich eine Be-
zeichnung, die eine existierende Ursache anzeigt, die nicht
erkannt oder wahrgenommen wird. Dieses Phänomen ist
kontinuierlich − ohne Unterbruch und ohne Ausnahme!

Das GESETZ VON URSACHE UND WIRKUNG liegt allen wissenschaftlichen Gedankengängen zugrunde − uralten wie
modernen. Das GESETZ VON URSACHE UND WIRKUNG ist
von den hermetischen Lehrern in den ältesten Zeiten ver-
kündet worden.

Es kann keinen Zufall geben in dem Sinn, daß etwas
außerhalb des Gesetzes steht − außerhalb des GESETZES
VON URSACHE UND WIRKUNG. Wie kann es etwas geben, das
im Universum agiert − unabhängig von allen Gesetzen und
ihrem inneren Zusammenhang? Ein solches Etwas wäre
völlig unabhängig vom regelmäßigen Lauf des Universums
und daher ihm übergeordnet.

Wir können uns nichts außerhalb von DER ALLES vorstellen, was außerhalb des Gesetzes ist − und dies nur deswe-

gen, weil DER ALLES das Gesetz selber ist. Es gibt keinen Raum im Universum für ein Etwas, das außerhalb und unabhängig vom Gesetz ist. Die Existenz von einem solchen Etwas würde alle Naturgesetze als wirkungslos darstellen und würde das Universum in eine chaotische Verwirrung und Gesetzlosigkeit stürzen, da es selbst gesetzlos ist.

Eine sorgfältige Prüfung zeigt, daß das, was wir Zufall nennen, nur ein Ausdruck für verborgene, unbekannte Ursachen ist — Ursachen, die wir nicht wahrnehmen können — Ursachen, die wir nicht verstehen können. Es geschieht niemals etwas ohne eine Ursache — oder besser, ohne eine Kette von Ursachen.

Immer ist ein Zusammenhang, ein Bezug da, zwischen allem, was vergangen ist — und allem, was folgt.

Ein Stein löst sich von einer Bergseite und schlägt durch das Dach einer Hütte im Dorf, die am Fuße des Berges steht. Vorerst könnte man dies als einen Zufall betrachten — aber wenn wir die Angelegenheit prüfen, finden wir eine Kette von Ursachen dahinter: da war z. B. der Regen, der die Erde aufweichte, die dem Stein Halt gab, so daß er nun fiel. Wenn wir noch weiter zurückgehen, stoßen wir auf den Einfluß der Sonne, weiterer Regengüsse usw., die allmählich das Felsstück von einem größeren getrennt haben. Dann gab es die weiteren Ursachen, die zu der Formation der Berge führten und die Bodenerhebung durch die Erschütterung der Natur — usw., bis in alle Unendlichkeit. Dann können wir noch die Ursache, die zum Regen führte, verfolgen usw. Und es wäre noch die Existenz des Daches zu berücksichtigen. Sehr bald würden wir uns in einem Netzwerk von Ursache und Wirkung verwickelt sehen, und wir würden kämpfen, uns daraus zu befreien.

So ist es mit der Anzahl von Ursachen selbst hinter dem unbedeutendsten Ereignis wie dem Vorbeifliegen eines winzigen Stückchen Rußes vor Ihren Augen. Es ist keine leichte Angelegenheit, dieses Stückchen Ruß zurückzuführen zu den ältesten Epochen der Weltgeschichte, als es einen Teil eines riesigen Baumstammes mitgeformt hat, der sich später in Kohle umwandelte — usw., bis dieses Stückchen Ruß *jetzt* an Ihrem Auge vorbeifliegt auf seinem Weg zu weiteren Abenteuern. Und eine mächtige Kette von Ereignissen, Ursachen und Wirkungen brachte es in seine jetzige Kondition, und diese ist nur eine der Ketten von Ereignissen, welche weitere in Hunderten von Jahren erzeugen wird. Eine der Ketten von Ereignissen, die von diesem winzigen Stückchen Ruß entstanden sind, ist die Druckerschwärze. Gedankeninhalte konnten gedruckt, gelesen werden. Sie beeinflussen den Leser und andere — und so setzt sich die Kette von Ereignissen fort. Es übersteigt unsere Vorstellungsmöglichkeit, die Kette von Ereignissen weiter zu verfolgen, die durch dieses kleine Stückchen Ruß entstehen. Es zeigt, daß es nichts Großes und nichts Geringes gibt. Alles ist relativ.

Jeder Gedanke, den Sie denken, jede Handlung, die Sie vollziehen, haben ihre direkten und indirekten Resultate, die in die große ›Kette von Ursache und Wirkung‹ passen.

Die individuelle Freiheit bleibt hiervon unberührt, denn im Rahmen der Geistigen Gesetze ist ein so unvorstellbar großer Freiheitsraum, von dem kaum ein menschliches Wesen Gebrauch machen kann. Die meisten Menschen halten sich in den engen Grenzen ihres momentanen Bewußtseins-Zustandes auf, der eingezäunt ist von den jeweiligen Vorstellungen, Einbildungen, Vorurteilen, Antipathien, Sympathien usw. In diesem eingekerkerten Bewußtsein kann niemals das Bild des wahren, erhabenen, multidimensionalen, unsterblichen ICH-Wesens, das jeder in Wirklichkeit ist, entstehen.

Die Mehrzahl der Menschen sind mehr oder weniger Sklaven ihrer Erbmasse, Erziehung, Umgebung usw. und offenbaren sehr wenig Freiheit. Sie sind hin- und hergerissen von den Meinungen, Gebräuchen und Gedanken der äußeren Welt, der Gesellschaft — und ebenso auch von ihren eigenen Gefühlen und Stimmungen. Sie zeigen keine nennenswerte Selbstbeherrschung. Entrüstet weisen sie diese Behauptung zurück, indem sie sagen: »Wieso, ganz gewiß bin ich frei, zu tun, was mir beliebt — ich tue das, was ich tun möchte.« Aber sie versäumen zu erklären, woraus denn das »was mir beliebt« und »was ich tun möchte« entsteht. Was veranlaßt sie denn, eine Sache lieber zu tun als eine andere? Gibt es da kein ›Weil‹ für ihre Wünsche, Absichten und Neigungen?

Der Meister kann seine Wünsche und Neigungen wandeln — gerade zum anderen Ende des geistigen Poles. Er ist in der Lage, den Wunsch zu wollen, anstatt zu wollen und zu wünschen durch Launen, Stimmungen oder Einflüsse, die aus seiner Umgebung auftauchen und in ihm einen Wunsch aufkommen lassen, dies oder jenes zu tun.

Die Mehrzahl der Menschen ist fortgerissen wie der fallende Stein, sie sind hörig ihrer Umgebung wie auch äußeren Einflüssen und inneren Stimmungen, Wünschen usw. Gar nicht zu sprechen von den Einflüssen der Wünsche und dem Willen anderer, die stärker sind als sie selbst und denen sie hörig sind. Veranlagung, Umgebung, verschiedene Anregungen und Beeinflussungen reißen sie mit sich fort ohne Widerstand ihrerseits — oder den Einsatz ihres Willens. Wie die Schachfiguren werden sie auf dem ›Schachbrett des Lebens‹ hin- und hergeschoben. Aber die Meister, welche die Spielregeln kennen, beherrschen das sinnliche (sinnengebundene) Leben und erobern sich die höheren Kräfte ihres Wesens. Sie beherrschen ihren Charakter, ihre eigenen Stimmungen, ihre Eigenschaften — wie auch ihre Umgebung —; sie sind die Triebkraft im Spiel — die Ursache anstelle der Wirkung. Die Meister entkommen nicht dem Kausalgesetz der höheren Ebenen, sondern sie leben in Übereinstimmung mit den höheren Ebenen — und so meistern sie die Umstände auf der niedrigeren Ebene. So bilden sie einen ›bewußten‹ Teil des Gesetzes, anstatt lediglich blinde Instrumente zu sein. Weil sie auf der höheren Ebene dienen, herrschen sie auf der stofflich-sinnlichen. Stets zum Wohle aller.

Aber ob auf höheren oder niedrigeren Ebenen — das Gesetz ist immer in Kraft. Da gibt es keinen Zufall.

Das Wissen, das uns den klaren Blick gibt, zeigt uns, daß alles durch ein universales Gesetz regiert wird — daß die unendliche Zahl von Gesetzmäßigkeiten Offenbarungen des ›Einen großen Gesetzes‹ sind — dem Gesetz, welches DER ALLES ist. Es ist in der Tat wahr, daß kein Sperling stirbt, der nicht von DER ALLES wahrgenommen wird — und daß sogar die Haare auf unserem Kopf gezählt sind — wie die Heilige Schrift sagt. Es gibt nichts außerhalb des GESETZES — und nichts geschieht im Gegensatz zu ihm. Doch machen Sie nicht den Fehler anzunehmen, daß der Mensch ein blinder Automat ist — er ist weit davon entfernt.

Die Hermetiker lehren, wie der Mensch DAS GESETZ anwendet, um die Gesetze zu überwinden, und daß das Höhere sich immer gegen das Niedrigere durchsetzt — bis er zum Schluß das Stadium erreicht hat, in welchem er Zuflucht findet im GESETZ selbst — und über alle erscheinenden und herrschenden Gesetze lacht.

Das siebte Gesetz des Geschlechts

Das große siebte Hermetische Gesetz — DAS GESETZ DES GESCHLECHTS — beinhaltet die Wahrheit, daß Geschlecht in allem manifestiert ist; daß das männliche und weibliche Prinzip immer gegenwärtig und aktiv ist in allen Erscheinungsformen auf den diversen Ebenen des Lebens und den verschiedenen geistigen Ebenen.

Im Sinne der Hermetiker ist Geschlecht nicht mit Sex zu verwechseln. Sex ist lediglich eine Erscheinungsform von Geschlecht auf einer bestimmten Ebene des großen Physischen Planes, der Stufe des organischen Lebens.

Zuerst finden wir eine deutliche Offenbarung vom GE-SETZ DES GESCHLECHTS zwischen den Teilchen, Ionen oder Elektronen, welche die Basis der Materie ausmachen und welche bei Formierung gewisser Kombinationen das Atom schaffen. Das Atom ist zusammengesetzt aus einer Vielzahl von Teilchen, Elektronen oder Ionen, die umeinander kreisen und in einem hohen Maß und einer starken Intensität pulsieren, vibrieren: Die Bildung eines Atoms ist genau der negativen Anhäufung von Teilchen um ein positives angemessen. Die positiven Teilchen machen ihren Einfluß geltend auf die negativen Teilchen und veranlassen die letzteren, gewisse Kombinationen anzunehmen und somit ein Atom zu kreieren oder zu erzeugen.

Dies ist genau in Übereinstimmung mit den uralten Hermetischen Lehren, die immer das männliche Prinzip des Geschlechts mit den ›positiven‹ und das weibliche mit den ›negativen‹ Polen der Elektrizität identifizierten. Der sogenannte negative Pol des Elements ist tatsächlich der Pol, durch welchen die Erzeugung oder Produktion von neuen Formen (Modellen) oder Energien sich zeigt. Der Begriff ›negativ‹ hat hier also eine andere Bedeutung. Es ist nichts Negatives damit verbunden. Um DAS SIEBTE GESETZ DES GESCHLECHTS zu verdeutlichen, verwenden die Hermetiker, wenn sie von dem negativen Pol sprechen, das Wort ›weiblich‹. Wenn also die Naturwissenschaftler sagen, daß die kreativen Teilchen oder Elektronen von negativer Elektrizität gebildet sind, so sprechen die Hermetiker von ›weiblicher Energie‹.

Ein weibliches Teilchen löst sich − oder besser verläßt ein männliches Teilchen − und startet eine neue Karriere. Emsig sucht es die Vereinigung mit einem ›männlichen Teilchen‹. Gedrängt ist es hierzu durch den Natur-Impuls (Wesens-Impuls), neue Formen der Materie oder Energie zu erzeugen. Dieses ›Loslösen‹ und ›Vereinigen‹ gestaltet zum großen Teil die Grundlage für den chemischen Wirkungsbereich. Wenn das weibliche Teilchen sich mit dem männlichen vereint, hat ein Prozeß begonnen. Die weiblichen Partikel vibrieren mit einer hohen Geschwindigkeit unter dem Einfluß der männlichen Energie und umkreisen diese schnellstens. Das Ergebnis ist die Geburt eines neuen Atoms. Das neue Atom besteht tatsächlich aus der Vereinigung der männlichen und weiblichen Elektronen oder Teilchen — doch wenn die Vereinigung zustandegekommen ist, wird das Atom eine gesonderte Sache mit bestimmten Eigenschaften, aber es manifestiert nicht mehr die Eigenschaft der freien Elektrizität, die es vor der Vereinigung hatte. Diese Elektronen oder Teilchen sind die höchst aktiven ›Arbeiter‹ auf der Natur-Ebene. Aus ihren Einheiten oder Kombinationen herrührend, manifestieren sie die verschiedenen Erscheinungsformen von Licht, Hitze, Elektrizität, Magnetismus, Anziehungskraft, Abstoßung, die chemische Affinität und das Gegenteil — und ähnliche Erscheinungsformen. Und all dies rührt von der Wirksamkeit des GESETZES VOM GESCHLECHT auf der Energie-Ebene her.

Der Anteil des männlichen Elements scheint zu sein, daß er eine gewisse vererbte Energie auf das weibliche Element abzielt — und so beginnt die Wirksamkeit des kreativen Prozesses. Aber es ist das weibliche Element, das überall die aktive kreative Arbeit verrichtet — und das ist so auf allen Ebenen! Und doch, jedes Element ist unfähig, hat keine wirksame Energie, ohne die Unterstützung des anderen.

So finden wir ›Geschlecht‹ in ständiger Offenbarung und Wirksamkeit im anorganischen und im Energie-Bereich gemäß dem SIEBTEN HERMETISCHEN GESETZ, daß Geschlecht in allem manifestiert ist.

Berücksichtigen wir noch einmal kurz die Anziehung und Abstoßung der Atome, wie auch die chemische Affinität (nach dem Zweiten Hermetischen Gesetz der Entsprechung empfinden die Moleküle, Atome und Teilchen ihre eigene Liebe und ihren eigenen Haß), und berücksichtigen wir die

Anziehungskraft oder Kohäsion zwischen den Molekülen der Materie. Entdecken Sie, daß all dieses Manifestationen des Geschlechts-Elements sind? Bis in die kleinsten Teilchen hinein wirkt das Göttliche Gesetz.

Versuchen wir einmal, dieses Siebte Hermetische Gesetz auf die Gravitation anzuwenden – diese seltsame Anziehung, wo alle Teilchen und Körperchen der Materie im Universum aufeinander zustreben. Hier finden wir eine weitere Erscheinungsform vom GESETZ DES GESCHLECHTS, welches wirksam ist insofern, als die männliche Energie die weibliche anzieht und umgekehrt. Untersuchen Sie einmal dieses Phänomen im Lichte der Hermetischen Lehren. Unterziehen Sie alle physischen Erscheinungsformen diesem Test, und Sie werden erkennen, daß das GESETZ DES GESCHLECHTS in allem sichtbar ist. Das GESETZ DES GESCHLECHTS ist beständig wirksam in Richtung der Zeugung, Wiedererzeugung und der Erschaffung, Gestaltung. Jeder Mensch und alles beinhaltet in sich diese zwei Elemente des großen SIEBTEN HERMETISCHEN GESETZES VOM GESCHLECHT. Alles Männliche beinhaltet das Weibliche – und alles Weibliche das Männliche gemäß dem Siebten Hermetischen Gesetz. Es zeigt die Lösung vieler Mysterien des Lebens.

Geistiges Geschlecht – Telepathie, Hypnose

Viel ist diskutiert worden über die Dualität des Geistes:

> Objektiver/Subjektiver Geist
> Bewußter/Unbewußter Geist
> Freier/Unfreier Geist
> Aktiver/Passiver Geist

Die verschiedenen philosophischen Richtungen haben jeweils ihre Lieblingsvorstellung. Gehen wir weit zurück zu

den dunklen Anfängen okkulter Lehren, dann finden wir
Hinweise zu den alten Hermetischen Lehren vom Gesetz
des Geschlechts auf der ›Geistigen Ebene‹ — die Offenbarung vom ›GEISTIGEN GESCHLECHT‹.

Das männliche Prinzip des Geistes entspricht dem sogenannten

> objektiven Geist
> bewußten Geist
> freien Geist
> aktiven Geist — usw.

und das weibliche Prinzip des Geistes entspricht dem sogenannten

> subjektiven Geist
> unbewußten Geist
> unfreien Geist
> passiven Geist — usw.

Wenn Sie Ihre Aufmerksamkeit einmal nach innen auf Ihr
ICH wenden, das in Ihnen wohnt, stellen Sie fest, daß die
Existenz Ihres ICHS sich als ›ICH bin‹ äußert. Dies scheint zuerst einmal die endgültige Definition zu sein, die uns das Bewußtsein vermittelt. Eine weitere Prüfung enthüllt jedoch
die Tatsache, daß dieses ›ICH bin‹ aufteilbar ist in zwei gesonderte Teile oder Aspekte, die im Einklang und in Verbundenheit zusammenwirken, nichtsdestoweniger aber vom
Bewußtsein getrennt wahrnehmbar sind.

Zuerst scheint nur das ICH zu existieren. Eine sorgfältige
Prüfung enthüllt die Tatsache, daß ein ICH und ein EGO (die
Hermetiker nennen es auch Me = Mich) existieren. Das
EGO erhält hier eine andere als die gewohnte Bedeutung, wie
Sie gleich sehen werden. Diese geistigen Zwillinge unterscheiden sich in ihren Eigenschaften und in ihrem Wesen.

70

Eine Überprüfung ihrer geistigen Beschaffenheit wirft viel Licht auf die Problematik der geistig-seelischen Beeinflussung. Beginnen wir mit der Berücksichtigung des EGO, das gewöhnlich verwechselt wird mit dem ICH.

Ein Mann denkt über sein ICH unter dem Aspekt des EGO. Er sieht es zusammengesetzt aus gewissen Gefühlen, Neigungen, Abneigungen, Gewohnheiten, Eigentümlichkeiten, Eigenschaften usw. All dies macht seine Persönlichkeit aus oder sein ICH, so wie es ihm und anderen bekannt ist. Er weiß, daß Gefühle wechseln, aufkommen und vergehen, abhängig sind vom GESETZ DES RHYTHMUS und vom GESETZ DER POLARITÄT. Sie tragen ihn von einem Gefühlsextrem zum anderen. Ebenfalls ordnet er seinem EGO ein gewisses Wissen zu, das er gesammelt hat und das einen Teil seiner Persönlichkeit ausmacht. Dies ist das EGO des Mannes.

Doch wir sind zu hastig vorangegangen. Das EGO vieler Menschen besteht zum größten Teil aus ihrem Bewußtsein über ihren Körper und ihren körperlichen Begierden und Neigungen. Ihr Bewußtsein bezieht sich größtenteils auf ihre körperliche Natur und auf ihre physischen Ambitionen, praktisch ist das ihre ganze Bewußtseins-Ebene, auf der sie leben. Einige gehen sogar so weit, daß sie ihre persönliche Erscheinung als einen Teil ihres EGOs betrachten. Ihr Körper ist ihr EGO. Sie können nicht erfassen, daß das ICH unabhängig vom Körper ist. Aber wenn die Menschen auf der Skala des Bewußtseins weiter emporsteigen, sind sie in der Lage, ihr EGO von der körperlichen Idee (vom körperlichen Gebundensein) zu befreien und sich vorzustellen, daß »der Körper dem geistig-seelischen Teil ihrer selbst angehört«. Doch selbst dann identifiziert der Mensch sein EGO vollkommen mit seinen seelischen Zuständen, Gefühlen usw., welche er in sich spürt. Er ist sehr geneigt anzunehmen, daß diese inneren Zustände identisch mit ihm selbst sind, anstatt sich vorzustellen, daß diese Zustände ganz einfach Vorgänge sind, die durch einen Teil seiner Mentalität hervorgerufen werden und in ihm existieren, durch ihn, von ihm existieren — *aber eben nicht er selbst sind.* — Er erkennt, daß er diese inneren Gefühls-Zustände durch eine Willensanstrengung ändern kann und daß er einen genau gegensätzlichen Gefühlszustand hervorrufen kann — und doch existiert immer dasselbe EGO.

Und so ist nach einer Weile der fortgeschrittene Schüler in der Lage, diese verschiedenen seelischen Zustände, Gefühle, Gewohnheiten, Eigenschaften, Eigenarten und anderen persönlichen seelischen Habseligkeiten beiseite zu schieben in die ›Nicht-EGO-Kollektion‹ der Seltsamkeiten und Hindernisse. Dies erfordert viel geistige Konzentration und Kraft vom Schüler in bezug auf eine seelische Analyse, d. h. Bewußtmachung der Gefühle, Gewohnheiten, Eigenschaften usw. Doch die Aufgabe ist erfüllbar vom fortgeschrittenen Schüler — und auch solche, die nicht so weit fortgeschritten sind, können sich vorstellen, wie dieser Prozeß vonstatten geht.

Nachdem dieser ›Beiseitelege-Prozeß‹ vollzogen worden ist — gemeint ist das Wahrnehmen und Distanzieren von Gefühlen, Gewohnheiten, Eigenarten usw. —, hat der Schüler eine Bewußtseinsstufe seines ICHS erreicht, auf der er sein ICH in zwei Aspekten als ICH und EGO wahrnimmt. Das EGO wird als ein seelisches Etwas erlebt, in das Gedanken, Ideen, Gefühle und andere geistig-seelische Zustände hineinprojiziert werden. Man könnte es — wie die alten Weisen — als einen geistig-seelischen Schoß betrachten, der in der Lage ist, geistig-seelischen Nachwuchs hervorzubringen. Dieses Etwas stellt sich dem Bewußtsein als ein EGO vor mit latenten Kräften der Erschaffung und Hervorbringung von geistig-seelischer Nachkommenschaft der verschiedensten Art. Seine kreative Energie wird als enorm empfunden. Doch der Schüler erkennt bald, daß dies nicht alles ist, was er in seinem inneren Bewußtsein findet. Er erkennt, daß da ein geistiges Etwas existiert, welches die Willenskraft besitzt und äußert, daß das EGO in gewissen schöpferischen Richtungen tätig wird. Dieses geistige Etwas ist ebenfalls in der Lage, beiseite zu stehen und die geistige Schöpfung zu bezeugen. Diesen Teil seiner selbst nennt er sein ICH. Der Schüler erkennt die Möglichkeit und Fähigkeit des ICHS, Energie vom ICH zum EGO zu projizieren, ein Prozeß der Bereitwilligkeit, daß die geistige Schöpfung beginnt und fortschreitet.

Dieser dualistische Aspekt ist in jedermanns Geist.

Das ICH *repräsentiert das männliche Prinzip* des GEISTIGEN GESCHLECHTS, *das* EGO *repräsentiert das weibliche Prinzip.* Das ICH stellt den Aspekt des SEINS dar — das EGO den Aspekt des WERDENS.

Wenn man diese beiden Aspekte des Geistes — das männliche und weibliche Prinzip — das ICH und das EGO berücksichtigt in bezug auf die bekannten geistigen und seelischen Erscheinungen, so hat man einen Schlüssel zu den geistigen Wirkungen, Äußerungen und Erscheinungsformen. DAS GESETZ DES GEISTIGEN GESCHLECHTS vermittelt die Wirklichkeit, die dem gesamten Gebiet geistiger Einwirkungen und Beeinflussungen unterliegt.

Die Tendenz des weiblichen Prinzips — des EGOS — geht immer in die Richtung, Eindrücke zu empfangen — während die Tendenz des männlichen Prinzips — des ICHS — immer in die Richtung geht, sich auszudrücken, sich zu offenbaren. Das weibliche Prinzip hat ein viel größeres Tätigkeitsfeld als das männliche Prinzip. Das weibliche Prinzip — EGO — führt die Arbeit aus, neue Gedanken, Begriffe, Ideen, Imaginationen hervorzubringen, zu gebären. Das männliche Prinzip — ICH — beschäftigt sich mit dem ›Willen‹ in seinen verschiedenen Stufen. Doch ohne die aktive Unterstützung des Willens vom männlichen Prinzip — ICH-Aspekt — ist das weibliche Prinzip — EGO-Aspekt — geneigt, sich zufrieden auszuruhen mit den erzeugten geistigen

Vorstellungen, welche das Resultat von Eindrücken sind, die von außen erhalten wurden, anstatt selbst eigene ursprüngliche, schöpferische geistige Erzeugnisse zu produzieren; dabei braucht es den Anstoß vom eigenen ICH — vom Willens-Aspekt.

Die Mehrzahl der Menschen beschäftigt das männliche Prinzip sehr wenig. Die meisten sind zufrieden, mit den Gedanken und Ideen zu leben, die in ihr EGO eingeträufelt wurden vom ICH anderer.

Beim Phänomen der Telepathie kann man beobachten, wie die vibrierende Energie des männlichen Prinzips, des ICHS, zum weiblichen Prinzip, des EGOS, einer anderen Person hinprojiziert wird, und diese nimmt den Gedanken-Samen und läßt ihn in sich zur Reife entwickeln. Auf dieselbe Weise wirken Suggestion und Hypnose: Das männliche Prinzip, das ICH der Person, die die Suggestionen gibt, richtet einen Strom von vibrierender Energie oder Willenskraft zum weiblichen Prinzip, dem EGO, einer anderen Person. Nimmt diese es an, macht sie es zu ihren ›eigenen‹ Gedanken und Handlungen.

Eine Idee, die auf diese Weise in die Seele einer anderen Person hineingelegt wird, wächst und entwickelt sich und wird zu gegebener Zeit als die rechtmäßige geistige Frucht des Individuums betrachtet, wobei es in Wirklichkeit dem Kuckucksei gleicht, das in des Spatzen Nest gelegt wurde, wo es den rechtmäßigen Nachwuchs zerstört und sich ein Zuhause bereitet.

Der fruchtbare Zustand im Männlichen und Weiblichen — im ICH- und EGO-Aspekt — der geistigen Verfassung einer Person ist, in harmonischer Verbindung zueinander zu handeln und zu koordinieren. Aber unglücklicherweise ist das männliche Prinzip, das ICH, des Durchschnitts-Menschen zu faul zu handeln; d. h., die Entfaltung der Willenskraft ist zu schwach; und die Konsequenz davon ist, daß diese Personen beinahe vollkommen geleitet werden durch den Geist und

Willen anderer Personen, die ihr Denken und Wollen auf die Willensschwachen übertragen und sie veranlassen, es für sie auszuführen. Wie wenig eigene, ursprüngliche, schöpferische Gedanken und Handlungen werden von dem Durchschnitts-Menschen kreiert und ausgeführt! Sind nicht die Mehrzahl der Menschen lediglich Schatten und Echos von anderen, die einen stärkeren Willen und geistigen Einsatz haben als sie selbst? Das Übel ist, daß der Durchschnitts-Mensch fast ausschließlich in seinem EGO-Bewußtsein weilt und gar nicht wahrnimmt, daß er auch ein ICH hat. Er ist polarisiert im weiblichen Prinzip seines Geistes (im EGO-Aspekt), und das männliche Prinzip (der ICH-Aspekt), in welchem der Wille verankert ist, bleibt unaktiv und unbeschäftigt.

Die starken Männer und Frauen der Welt manifestieren beständig das männliche Prinzip des Willens. Ihre Stärke beruht wesentlich auf dieser Tatsache. Anstatt daß sie von den Eindrücken und Einflüssen, die durch andere auf ihre Seele ausgeübt werden, leben, beherrschen sie ihren eigenen geistig-seelischen Bereich durch ihren Willen. Sie erhalten die Sorte geistiger Vorstellungen, die sie wünschen, und dominieren außerdem den geistig-seelischen Bereich anderer ebenso — in der gleichen Weise.

Schauen Sie sich die starken Persönlichkeiten an, die es fertigbringen, ihre Gedanken-Saat in Geist und Gemüt der Massen hineinzupflanzen und sie zu veranlassen, Gedanken in Übereinstimmung mit ihren Wünschen und ihrem Willen zu denken (die Masse wird veranlaßt, Wunsch und Willen dieser starken Individualitäten auszuführen). Darum sind die Menschen-Massen so schafgleiche Kreaturen, die weder eine eigene Idee selbst erzeugen noch ihre eigenen Kräfte der geistigen Wirksamkeit nutzen. Sehen Sie, wie absolut wesentlich, ja lebensnotwendig eine solche philosophische Ausbildung über diese hermetischen Gesetze bereits in der Schule wäre. Denn zum Beispiel können Diktatoren nur ihr oft freiheitsberaubendes und teilweise mörderisches Unwesen treiben, wenn keine Aufklärung und Bildung über eine individuelle entwicklungsfördernde Selbstbeherrschung und -entfaltung erfolgt. Darum sollte es unbedingt zur Grundausbildung gehören, zuerst einmal das SELBST in seinen hier dargelegten Aspekten von EGO und ICH zu erläutern und die einzigartige Möglichkeit aufzuzeigen, durch die Anwendung der bisher genannten sechs hermetischen Gesetze auf der Skala des Bewußtseins Stufe um Stufe höher zu steigen zum Zwecke der Selbsterkenntnis und -entfaltung. Beides kreiert die Macht der positiven Selbstbeherrschung, die allein eine Entwicklung in innerer Freiheit gewährleistet und keiner Manipulation von außen unterliegt. Mit Selbstbeherrschung ist keineswegs die Unterdrückung von Gefühlen gemeint, sondern durch ein geübtes positives Denken höherer Art eine Kultivierung und dadurch eine Steuerung der Gefühle. Hier ist ein Weg angedeutet. Bereits herrschende Zustände mißlicher Art müßten differenzierter beurteilt werden.

Eine Aufklärung bis hinein in die kleinsten Teilchen des irdisch-materiellen Seins ist heute selbstverständlich bis hinauf in astronomische Bereiche. Doch wer ist es, der diese großartigen Leistungen vollbringt? Das menschliche ICH. Wer ist dieses ICH? Wieviel mehr — unendlich viel mehr — könnte der Mensch vollbringen, wenn er sich seine schöpferische Größe durch Aufklärung erringen würde. »Mensch, erkenne Dich selbst« war stets die Forderung an die Geheimschüler in manchen Mysterienstätten der Antike. Denn der Mensch ist der Mikrokosmos des Makrokosmos — siehe 2. Gesetz der Entsprechung. Alle makrokosmische Weisheit ruht verborgen in ihm. Darum: Erkenne Dich selbst — in der Stille, in der Ruhe mit Dir selbst.

Der wahre Mensch ist noch gar nicht geboren. Er ist noch im embryonalen Zustand und harrt sehnsüchtig auf seine Geburt.

Machen Sie sich einmal bewußt: Der Naturwissenschaftler fragt »Was ist die Welt«, während der philosophische Geisteswissenschaftler fragt »Wer oder was ist der Mensch«. Und schließlich ist es doch der Mensch, der Naturwissenschaft betreibt. Ist es deswegen nicht eine zwingend notwendige, logische Forderung, den Menschen in seiner Ganzheit von Körper-Seele-Geist sorgfältig zu studieren? Solange nur eine körperlich-materielle Kultur betrieben wird und keine geistig-seelische, wird der Mensch trotz äußeren Wohlstandes und besserer sozialer Verhältnisse nie zu einer inneren Harmonie, Freude, heiteren Gelassenheit, ja, einer alles umfassenden Liebe gelangen, denn es fehlt ihm die Erkenntnis von seiner eigenen verborgenen göttlichen Größe. Weil ihm diese Erkenntnis fehlt, darum ist der heutige Mensch in die Situation geraten, selbstmörderisch mit sich umzugehen: Da er nur eine ›äußere Kultur‹ betreibt, läßt er sich von allen äußeren Dingen und Angelegenheiten diktieren, wie er sich zu verhalten hat. Der Mensch hat sich dadurch zum Sklaven degradiert.

Gehetzt, gestreßt, frustriert bewegt er sich zwischen seinen hochtechnisierten Errungenschaften. Ruhelos, erschöpft stolpert er durch die Tage seines Lebens.

Will der Mensch wirklich diese Tragödie weiterspielen?

Gibt es einen Weg heraus aus diesem Dilemma? Ruhe und Stille, wenigstens zuerst einmal zehn Minuten am Tag, ganz zurückgezogen. O, die Seele revoltiert am Anfang. In der Stille können verzerrte Bilder, chaotische Gedanken auftauchen. Dies ist nur im Anfang. Versetzen Sie sich in die Position eines ruhigen Beobachters. Ganz neutral. Lassen Sie alle Gedanken und Gefühle wie Wolken an einem Berg vorüberziehen. Der Berg sind Sie. Nach einigen Wochen oder auch Monaten Übung spüren Sie die wundervolle aufbauende Wirkung.

Doch als Basis für solche oder ähnliche Übungen der Stille brauchen Sie Wissen. Nutzen Sie die Zeit Ihres Lebens unter anderem und vor allem, um zu erfahren, wer Sie in Ihrer unsterblichen Größe sind. Erkennen Sie durch Studium mehr und mehr die schöpferische Kraft, das Göttliche, in sich selbst, das Sie zur bedingungslosen Liebe einmal befähigen kann.

Jetzt wollen wir uns wieder dem Studium über die letzten Ausführungen des 7. hermetischen Gesetzes des Geistigen Geschlechts zuwenden.

Die Manifestation des GEISTIGEN GESCHLECHTS kann überall um uns herum im täglichen Leben wahrgenommen werden.

Die anziehenden Persönlichkeiten sind solche, die in der Lage sind, das männliche Prinzip, das ICH, zu nutzen in der Weise, daß sie ihre Ideen anderen einprägen. In diesem Prinzip liegt das Geheimnis der persönlichen Anziehung, Einflußnahme und der persönlichen Ausstrahlung usw., wie auch das Phänomen, das allgemein unter dem Begriff ›Hypnose‹ anzutreffen ist.

Der Student der Hermetischen Wissenschaft, der sich durchdrungen fühlt von DER ALLES und der weiß, daß DER ALLES in jedem Menschen, in jedem Wesen, in allem lebt und wirkt, der Student achtet die Persönlichkeit und innere Freiheit des einzelnen.

Niemals wird er dem anderen seine eigenen Ideen aufzwingen. Vielmehr wird er bemüht sein, das ICH des anderen zu stärken.

Wenn Sie etwas erreichen wollen — in welcher Beziehung auch immer —, so müssen Sie diesen männlichen Teil Ihres Selbstes — dieses ICH — stärken. Dann haben Sie den Willens-Impuls und Willens-Einsatz, der Ihnen hilft, zu gewünschten Resultaten zu kommen.

Eine Aufklärung ist deswegen so wichtig, damit Sie die Funktion Ihres ICHS in seinem dualistischen Aspekt von ICH und EGO verstehen.

Hermetische Grundsätze

Die Hermetischen Wissenschaftler und Weisen betonen, daß das Wissen angewandt, gelebt werden muß. Das ›Gesetz der Anwendung‹ ist universal, und der, der es verletzt, leidet. Wissen ohne Anwendung und Äußerung ist eine ›nutzlose‹ Sache, die seinem Besitzer nichts Gutes bringt.

Hüten Sie sich vor ›seelischer Trübsal‹ — und bringen Sie das, was Sie gelernt haben, *zum Ausdruck*. Dies ist die ausdrückliche Forderung der Hermetiker. Studieren Sie nicht nur die Gesetze, praktizieren Sie sie auch!

Das Wissen ist nicht wirklich Ihr eigenes, solange Sie es nicht anwenden, in die Praxis umsetzen.

Um Ihren seelischen Zustand zu ändern, ändern Sie Ihre Schwingungen. Man kann seine seelischen Schwingungen durch eine *Willensanstrengung* ändern, indem man seine Aufmerksamkeit und seine Konzentration auf einen *wünschenswerteren* Zustand richtet. (Siehe hierzu die Techniken des FRIEBE-ALPHA-TRAININGS im Buch: Das ALPHA-TRAINING — Oesch Verlag, Zürich).

DER WILLE befiehlt der Aufmerksamkeit und Konzentration und zeigt Ihnen den Weg. Die Aufmerksamkeit und Konzentration ändern sodann die Schwingungen. *Kultivieren Sie die Kunst der Aufmerksamkeit und Konzentration mit Hilfe Ihres Willens* — und Sie haben das Geheimnis der Herrschaft über Stimmungen und seelische Zustände gelöst.

Um ein ungewünschtes Maß an seelischer Schwingung zu zerstören, wenden Sie das ›GESETZ DER POLARITÄT‹ an, indem Sie sich auf den entgegengesetzten Pol zu dem, was Sie überwinden wollen, konzentrieren. Vernichten Sie das Ungewünschte durch den Wechsel der Polarität (siehe Spiegel-Leinwandtechnik im FRIEBE-ALPHA-TRAINING). Dies ist eine der wichtigsten hermetischen Formeln. Es basiert auf wahren wissenschaftlichen Prinzipien. Es ist Ihnen gezeigt worden, daß ein seelischer Zustand und sein Gegenteil lediglich die zwei Pole einer Sache sind. Wenn Sie von Furcht besessen sind, verschwenden Sie keine Zeit damit, die Furcht zu tilgen, kultivieren Sie statt dessen die Eigenschaft des ›Mutes‹. Um eine negative Eigenschaft zu überwinden, konzentrieren Sie sich auf den positiven Pol derselben Eigenschaft – und die Schwingungen werden sich allmählich umwandeln vom Negativen zum Positiven, bis Sie schließlich polarisiert sind zum positiven Pol hin anstatt zum negativen!

Durch den Wechsel der Polarität können Sie Ihre Stimmungen beherrschen, Ihre seelischen Zustände und Gesinnung ändern und ›Charakter‹ entwickeln. Der Hermetische Grundsatz lautet:

›Geist‹ (wie auch Metalle, Grundstoffe, Elemente) wandelt sich:

> von Zustand zu Zustand,
> von Grad zu Grad,
> Kondition zu Kondition,
> Pol zu Pol,
> Schwingung zu Schwingung.

Wer die Polarisation beherrscht, ist Meister der geistigen Transmutation oder der ›geistigen Alchemie‹, denn bevor man nicht die Kunst der Umwandlung seiner eigenen Polarität beherrscht, ist man unfähig, auf seine Umwelt einzuwirken.

Dieses Gesetz ist wahr; die Resultate sind jedoch abhängig von der *ausdauernden Geduld und Praxis* des Studenten.

Wie die Hermetiker erklären, gibt es sowohl eine höhere Bewußtseins-Ebene als auch eine übliche, gewöhnliche, niedrigere Bewußtseins-Ebene, und der Meister, der sich geistig zu der höheren Ebene schwingt, veranlaßt den geistigen Pendelschlag, sich auf der niedrigeren Bewußtseins-Ebene zu manifestieren; und während er sich konzentriert auf der höheren Bewußtseins-Ebene aufhält, entkommt er den Auswirkungen des Rückwärtsschwungs des geistigen Pendels.

Diese Wirkung wird durch die Polarisation zum höheren Selbst hin erreicht. Die geistigen Schwingungen des EGOS steigen über die gewöhnliche Bewußtseins-Ebene hinaus. Es ist zu vergleichen damit, daß man sich über ein Ding erhebt und es unter sich durchgleiten läßt. Der fortgeschrittene Hermetiker polarisiert sich zum positiven Pol seines Seins — dem HÖHEREN-SELBST-POL — eher als zum Pol seiner momentanen Persönlichkeit, und indem er die Wirksamkeit des Rhythmus zum negativen Pol hin ablehnt, erhebt er sich über diese Bewußtseins-Ebene, diese niedrigere. Er steht fest in seinem gewünschten Seins-Zustand und läßt das Pendel zurückschwingen auf die niedrigere Bewußtseins-Ebene, ohne seine Polarität zu wechseln. Er hält sich am positiven Pol durch den *Einsatz seines Willens* fest.

Dies wird von allen Individualitäten erlangt, die irgendein Maß von Selbstbeherrschung erreicht haben, ob sie das Gesetz nun verstehen oder nicht. Solche Personen lehnen es ganz einfach ab, sich zu erlauben, vom Pendelschlag der Stimmungen und Gefühle zurückgeschwungen zu werden. Durch standhafte Bejahung ihrer Überlegenheit verbleiben sie polarisiert im positiven Pol.

Natürlich erreicht der ›Meister‹ noch ein weitaus größeres Maß an Fertigkeit, weil er das Gesetz *versteht,* welches er überwindet durch ein höheres Gesetz. Durch seinen Willenseinsatz erreicht er ein Maß an Ausgeglichenheit und geistiger Standfestigkeit, das beinahe unvorstellbar ist für solche, die sich vorwärts- und rückwärtsschwingen lassen durch den geistigen Pendelschlag ihrer Stimmungen und Gefühle.

Erinnern Sie sich immer, daß Sie niemals das ›Gesetz des Rhythmus‹ zerstören können, denn es ist *unzerstörbar.* Sie überwinden einfach ein Gesetz, indem Sie es mit einem anderen ausgleichen und auf diese Weise ein Gleichgewicht erhalten. (Umpolung ist Ausgleich des Gesetzes). Stören Sie sich auf gar keinen Fall an eventuellen Rückfällen. Sie sind Bestandteil der Entwicklung. Gehen Sie unbeirrt weiter vorwärts. Schauen Sie nie zurück.

Nichts entkommt dem ›GESETZ VON URSACHE UND WIRKUNG‹. Aber es gibt viele Ursachen-Ebenen. Indem man die Gesetze der höheren Ursachen-Ebenen anwendet, überwindet man die Gesetze des niedrigeren. Durch die Umpolung von einem Zustand zum gewünschten anderen erzeugt man andere Ursachen und Wirkungen als auf der niedrigeren Pol-Ebene.

Die Hermetiker beherrschen ihre Stimmungen und Gefühle und sind somit in der Lage, den Rhythmus zu neutralisieren. Sie entkommen damit einem großen Teil der Wirkungen des ›GESETZES VON URSACHE UND WIRKUNG‹ auf der gewöhnlichen Ebene.

Die meisten Menschen werden mitgerissen: in Abhängigkeit von ihrer Umgebung, vom Willen, der Vorstellung und den Wünschen anderer, die stärker sind als sie selbst; den Suggestionen derer, die um sie herum sind, und anderer Ursachen, die sie auf dem ›Schachbrett des Lebens‹ hin- und herschieben wie bloße Schachfiguren.

Indem er sich über die beeinflussenden Ursachen erhebt, trachtet der fortgeschrittene Hermetiker nach einer höheren geistigen Ebene, und durch Beherrschung seiner Stimmungen, Gefühle und Impulse erschafft er sich ›Charakterstärke‹, ›Persönlichkeit‹, ›Qualitäten‹ und ›Kräfte‹. Er überwindet seine gewöhnliche Umwelt. So wird er der Agierende, anstatt die bloße Schachfigur zu sein. Solche Menschen wenden die Spielregeln des Lebens verständnisvoll an, anstatt hin- und hergeschoben zu werden durch stärkere Einflüsse und Kräfte und fremden Willen. Sie wenden das ›GESETZ VON URSACHE UND WIRKUNG‹ an, anstatt von ihm benutzt zu werden. Natürlich unterliegen selbst die Höchstentwickelten diesem Gesetz, das auch auf den höheren Ebenen sich manifestiert — aber auf den niedrigeren Wirkungs-Ebenen sind sie Meister statt Sklaven. Die Weisen dienen auf der höheren Ebene, aber herrschen auf der niedrigeren. Sie gehorchen den höheren Gesetzen! Aber auf ihrer eigenen Ebene und denen unter ihnen herrschen sie und geben Befehle. Stets zum Wohle aller.

Der weise Mann lebt in Übereinstimmung mit dem Gesetz — und er wirkt und handelt mit dem Verständnis für die Äußerungen des Gesetzes, anstatt sein blinder Sklave zu sein.

So verhält sich der geübte Schwimmer, der diese und jene Richtung einschlägt, so wie er es will, anstatt wie das Holzstück zu sein, das hier- und dahin getragen wird — und so verhält sich der weise Mann verglichen mit dem Durchschnittsbürger. Und doch unterliegen beide dem Gesetz.

Der, welcher dies versteht, ist auf dem richtigen Weg zur Meisterschaft. *Die wahre Hermetische Transmutation ist eine geistige Kunst.*

Die Hermetiker lehren in ihren Grundsätzen, daß das große Werk der Einwirkung auf sich und die Umwelt ausgeführt und erreicht wird durch Geistige Kraft und Energie. Das Universum ist durch und durch geistig. Daraus folgt, daß es nur geistig regiert und beherrscht werden kann. Wenn das Universum geistig seiner substantiellen Natur nach ist, dann kann man daraus schließen, daß geistige Transmutation die Konditionen, Erscheinungen, Phänomene des Universums ändern muß. Wenn das Universum geistig ist, dann muß Geist die höchste Kraft sein, die auf die Phänomene und Erscheinungen des Universums einwirkt. Wenn dies verstanden wird, dann betrachtet man alle sogenannten ›Wunder‹ und ›Zauberer‹ für das, was sie sind, nämlich Beherrscher der Gesetze. DER ALLES *ist Geist; das Universum ist geistig.*

Zusammenfassung:
Alle hermetischen Gesetze wirken ständig im Menschen und bestimmen sein Schicksal

So haben Sie nun die Sieben Gesetze des Großen HERMES TRISMEGISTOS studiert – die Sieben Schlüssel der Weisheit. Studieren Sie diese Gesetze immer wieder, bis Sie ganz von ihnen erfaßt sind und dadurch die Gesetze allmählich immer besser leben und zum Ausdruck bringen können, was Sie mit Harmonie erfüllt und Sie immer mehr Meister Ihres Schicksals werden läßt, das sich jeder durch die Anwendung der geistigen Gesetze selbst gestaltet.

Das Erste Hermetische Gesetz des Geistes lehrt, daß DER ALLES Geist ist, daß er das höchste Bewußtsein ist – das alles geschaffen hat. Und somit kann nichts außerhalb von DER ALLES existieren: DER ALLES ist in allem, und alles ist in DER ALLES.

Das höchste Bewußtsein ist sich stets aller Teile seiner Schöpfung *bewußt*. Aber DER ALLES ist immer mehr als alle Teile seiner Schöpfung. Das Universum und alles, was es beinhaltet, ist die Geistige Schöpfung von DER ALLES. *In der Tat: alles ist Geist.* Wie herrlich, in diesem Bewußtsein zu leben. Wenn alles Geist ist – SEIN GEIST –, dann ist alles liebenswert.

DAS ZWEITE HERMETISCHE GESETZ DER ENTSPRECHUNG beinhaltet die Wahrheit, daß Harmonie, Übereinstimmung und Entsprechung zwischen den verschiedenen Bewußtseins-Ebenen herrscht. Der Einfachheit halber wird das Große Universum in drei große Ebenen aufgeteilt:

1. Die große physische Ebene

2. Die große seelische Ebene

3. Die große geistige Ebene

Jede dieser Ebenen durchstrahlt die andere. Es können also keine scharfen Trennungen gemacht werden. Jede dieser Ebenen hat sieben untergeordnete Ebenen — und auch hier gibt es wieder jeweils sieben Unterteilungen.

Zwischen allen Ebenen bestehen Entsprechungen und Kommunikationen. Der Mensch als der Mikrokosmos besteht ebenfalls aus diesen drei Ebenen: Physischer, Seelischer und Geistiger.

So besteht eine ständige Kommunikation und Entsprechung zwischen Mikrokosmos Mensch und Makrokosmos Universum. Machen Sie sich dies öfters bewußt. Es bereichert Ihr Sein auf eine wunderbare Weise. Es werden Kanäle geöffnet, die bis jetzt zugeschüttet waren.

DAS DRITTE HERMETISCHE GESETZ DER VIBRATION UND SCHWINGUNG sagt aus, daß Vibration und Schwingung sich im ganzen Universum zeigen. Alles bewegt sich, vibriert, schwingt und zirkuliert — nichts ruht!

All das, was wir Materie und Energie nennen, sind verschiedene Modifikationen von Vibrationen und Schwingungen. Ebenfalls das Phänomen des Geistes ist eine Modifikation von Vibration und Schwingung. Jeder Gedanke — jedes Gefühl — jedes seelische Stadium hat seine entsprechenden Stufen der Vibration und Schwingung. Und so werden durch eine Änderung der inneren Einstellung die Vibrationen und Schwingungen verändert — und andere geistigseelische Zustände werden erzeugt. Die Hermetiker sagen: »Die DAS GESETZ DER VIBRATION UND SCHWINGUNG verstehen, haben das Zepter der Macht ergriffen.« (Mit allen FRIEBE-ALPHA-Techniken verändern Sie die Vibrationen und Schwingungen zum positiven Pol hin.)

DAS VIERTE HERMETISCHE GESETZ DER POLARITÄT verkörpert die Wahrheit, daß alle Erscheinungen zwei Seiten haben, zwei Aspekte, zwei Pole: ein gegensätzliches Paar —

mit verschiedenen Abstufungen dazwischen. Diese gegensätzlichen Paare sind identisch vom Ursprung her. Die zwischen den zwei Polen liegenden Bereiche sind nur graduelle Unterschiede von Schwingungen.

Wer das GESETZ DER POLARITÄT bewußt oder unbewußt anwendet, kann seinen seelischen Zustand umwandeln — *durch Konzentration auf den entgegengesetzten, gewünschten Pol.* Diese Konzentration auf den entgegengesetzten Pol ist nur durch einen *starken Willenseinsatz* aufrechtzuerhalten. Wer das Polaritätsgesetz durch einen trainierten Willen mehr und mehr beherrscht, wird Meister seiner seelischen Zustände und ist nicht länger ihr Sklave.

DAS FÜNFTE HERMETISCHE GESETZ DES RHYTHMUS beinhaltet die Wahrheit, daß in allen Erscheinungen eine regelmäßige Bewegung ist, eine Hin- und Her-Bewegung, ein Einströmen und Ausströmen, ein Vorwärts- und Rückwärtsschwung — eine Bewegung, die einem Pendel gleicht.

Bewegung und Rhythmus zwischen den zwei Polen, die auf der Physischen, Seelischen und Geistigen Ebene erscheinen.

DAS GESETZ DES RHYTHMUS ist eng verbunden mit dem GESETZ DER POLARITÄT. Rhythmus manifestiert sich zwischen den beiden Polen. Das GESETZ DES RHYTHMUS drückt sich in allen Phänomenen aus: in der Entstehung und Schöpfung von Welten — und in ihrer Zerstörung, ihrem Untergang; im Entstehen und Vergehen von Nationen; und natürlich in allen seelischen Zuständen der Menschen.

Der Pendelschlag des Rhythmus schwingt beständig von einem Pol zum anderen, von den kleinen Dingen zu den großen — und schließlich von Geburt zu Tod — und auch wieder zurück: vom Tod zu neuer Geburt. Der Pendelschlag ist immer offensichtlich.

Schulen Sie Ihren Willen und die Kunst der Aufmerksamkeit und Konzentration — dann können Sie sich am gewünschten Pol festhalten und den Pendelschlag des Rhythmus zum negativen Pol zurückschwingen lassen. Dadurch erleben Sie all die positiven, erfreulichen, beglückenden Aspekte des positiven Pols − was Sie bestärkt, weiter in dieser Richtung zu schreiten. Der Hermetiker polarisiert sich zum gewünschten Pol und steht fest und unerschütterlich im Wirkungsbereich seiner polarisierten Position. Ungerührt erlebt er den Pendelschlag zum anderen Pol hin. Durch seinen Willens-Einsatz, am erwünschten Pol festzuhalten, erreicht der Hermetiker ein hohes Maß an seelischer Ausgeglichenheit und Beständigkeit, das unvorstellbar ist für diejenigen, die noch hin- und hergezogen werden vom seelischen Pendelschlag ihrer Stimmungen und Emotionen.

DAS SECHSTE HERMETISCHE GESETZ DER KAUSALITÄT sagt, daß jede Ursache ihre Wirkung hat − und jede Wirkung ihre Ursache. Alles geschieht gemäß dem Geistigen Gesetz. Es gibt keinen ›Zufall‹. *Zufall ist nur ein Begriff für ein Gesetz, das nicht erkannt wird.*

DAS SECHSTE HERMETISCHE GESETZ VON URSACHE UND WIRKUNG beinhaltet die Wahrheit, daß Gesetzmäßigkeiten das Universum durchdringen und daß *nichts durch Zufall geschieht.*

Immer ist ein Zusammenhang, ein Bezug da zwischen allem, was vergangen ist − und allem, was folgt.

So ist Ihre jetzige innere Einstellung und äußere Handlungsweise die Ursache für die zukünftigen Wirkungen. In ihrer Freiheit liegt es, durch Konsequenz, Willens-Einsatz und Ausdauer den Pol zu wechseln, Ihre innere Einstellung und Handlungsweisen zu ändern − und dadurch andere, gewünschte Wirkungen in der Zukunft zu erzeugen.

Sie können der Meister Ihres Schicksals sein − und dabei Charakter, Persönlichkeit, Stärke − vor allem innere Freiheit entwickeln und erreichen. Sie sind der Agierende, sie schieben die Schachfiguren — anstatt geschoben zu werden. Doch alles geschieht in tiefem Verständnis zu DER ALLES, der in jedem und allem wirkt und lebt. So können Sie wohl immer mehr der Meister Ihres Schicksals werden durch eine gezielte positive geistige Einstellung und entsprechende Handlungsweisen — doch versuchen Sie auch mit einzubeziehen: »Dein Wille geschehe.« Es gibt Erfahrungen und Situationen, die sich dem menschlichen Verständnis entziehen, die jedoch eine tiefe Bedeutung für seine geistig-seelische Entwicklung haben.

Darum bejahen Sie die jeweilige Situation, in der Sie jetzt leben. Sie haben dafür in der Vergangenheit durch bewußtes oder unbewußtes Denken, Fühlen und Handeln die Ursache für die jetzige Wirkung geschaffen. Bemitleiden Sie sich auf keinen Fall. Doch akzeptieren Sie sich freundschaftlich-liebevoll. Jede Situation als Wirkung unserer eigenen erzeugten Ursachen ist ein bedeutsamer ›Lehrmeister‹. Darum bejahen Sie, um *jetzt* durch eine treue Geistes-Seelenkultur eine Ursache für spätere bessere Situationen zu schaffen.

DAS SIEBTE HERMETISCHE GESETZ DES GESCHLECHTS sagt aus, daß Geschlecht in allem manifestiert ist; daß das männliche und weibliche Prinzip immer gegenwärtig und aktiv ist in allen Erscheinungsformen auf den diversen Ebenen des Physischen, Seelischen und sogar des Geistigen Lebens. Wir finden das GESETZ DES GESCHLECHTS auf der organischen wie auf der Energie-Ebene: positive und negative Teilchen — die Hermetiker benennen diese mit männlichen und weiblichen Teilchen — ziehen sich an und stoßen sich ab.

Und das HERMETISCHE GESETZ DES GESCHLECHTS ist ebenfalls auf der geistigen Ebene zu finden. Das männliche Prinzip des Geistigen Geschlechts entspricht dem ICH — und das weibliche dem EGO. ICH und EGO sind geistige Zwillinge: männlich und weiblich, beides zusammen ist in jedem Menschen vertreten.

Das EGO — das weibliche Prinzip — nimmt Eindrücke auf und erzeugt Ideen, Vorstellungen, Imaginationen, usw. Das ICH — das männliche Prinzip — repräsentiert den Willen. Der Wille — das männliche ICH-Prinzip — ist notwendig, um die hervorgebrachten, geborenen Ideen des weiblichen EGO-Prinzips zur Verwirklichung zu bringen.

Bei den meisten Menschen ist das ICH-Prinzip zu schwach und das EGO-Prinzip vorherrschend. So sind die meisten Menschen beeindruckbar und beherrschbar von starken Menschen, die ihr ICH ausgebildet haben.

Eine harmonische Verbindung und Kommunikation zwischen EGO und ICH zieht einen ausgeglichenen und erfolgreichen Zustand auf der geistigen, seelischen und physischen Ebene nach sich. Das Ergebnis dieses ausgeglichenen Zustands ist eine harmonische, gefestigte Persönlichkeit, die in Übereinstimmung mit den geistigen Gesetzen wirkt und lebt, die ihren ewigen, unsterblichen, geistigen ICH-BIN-Zustand immer mehr erkennt.

Der Große HERMES TRISMEGISTOS hat mit seinen Sieben Gesetzen die Gesetzmäßigkeit und Wirkungsweise aller Daseins- und Erscheinungsformen auf allen Ebenen erläutert. In allem ist Gesetzmäßigkeit und Harmonie. Die Kenntnis und der Einsatz dieser Gesetze erweitern das Bewußtsein, unterstützen die Steuerung und Beeindruckung zukünftiger Ereignisse im besten Sinn — und führen zu einer harmonischen Persönlichkeit.

Und wenn der Mensch sich weiter und weiter in seinem Bewußtsein entwickelt, steigt er auf der Stufenleiter des Bewußtseins immer höher hinauf — und dann leiten ihn nicht mehr Wünsche, Begierden, Emotionen und Stimmungen, sondern Prinzipien und Grundsätze, Ideale, die er sich selber durch errungene Erkenntnis gibt — wie C. W. Leadbeater ausführt.

Alles, was geschieht, hat natürlich einen tiefen Sinn, wie der große HERMES TRISMEGISTOS uns in seinem sechsten Gesetz von URSACHE UND WIRKUNG erläutert hat.

»Damals lebten auf der Erde nicht nur Menschen, es waren mit ihnen auch Wesen geistiger Art verbunden, die zwar nicht mit physischen Augen wahrnehmbar waren, die aber doch vorhanden waren, so wahr vorhanden wie die Menschen und andere physische Wesen.

So sind zum Beispiel mit unserer Welt Wesen verbunden — sie leben im Umkreis der Erde —, die die christliche Esoterik Engel oder Angeloi nennt. Diese Wesenheiten können wir uns am besten vorstellen, wenn wir bedenken, daß ein solches Wesen auf der Stufe steht, auf welcher der Mensch sein wird, wenn die Erde ihre Entwicklung beendet haben wird. Heute sind diese Angeloi-Wesen schon so weit, wie der Mensch sein wird am Ziel seiner Erdenentwicklung.

Eine noch höhere Stufe nehmen die Erzengel (Archangeloi) ein, Wesenheiten, welche mit den Angelegenheiten ganzer Völker in Verbindung stehen. Diese Volks-Angelegenheiten werden von Wesenheiten gelenkt, die man Archangeloi nennt.

Eine noch höhere Art von Wesenheiten nennt man die Urbeginne oder Archai oder die Geister der Persönlichkeit. Wir finden diese, wenn wir den Blick schweifen lassen über ganze Zeiten und viele Völker. Man nennt diese Wesenheiten auch den Zeitgeist. Wenn wir zum Beispiel unsere Zeit betrachten, so wird diese geleitet von höheren Wesenheiten, die man Archai nennt.

Dann gibt es noch höhere Wesenheiten, die man in der christlichen Esoterik Exusiai oder Geister der Form nennt.

So sind also mit unserer Erde unzählige Wesenheiten verbunden, die sich sozusagen wie in einer Art von Stufenleiter dem Menschen angliedern.«

Die Hermetischen Eingeweihten nennen sie Stufenleiter der Physischen, Seelischen und Geistigen Entwicklung.

»Wenn wir bei dem Mineral anfangen und aufsteigen

vom Mineral zur Pflanze
von der Pflanze zum Tier
und dann zum Menschen,

so ist der Mensch das höchste Physische Wesen. Die anderen geistigen Wesenheiten sind aber ebenso da — sie sind zwischen uns —, sie durchdringen uns« (wie Äther), so wie wir mit unserem Geist Tier, Pflanze und Mineral durchdringen und mit der Qualität unseres Geistes, der ja stets schöpferisch tätig ist, gestaltend und verändernd in diesen Bereichen wirken. Wer dies ernsthaft durchdenkt, fühlt die große Verantwortung, die wir den Naturreichen gegenüber haben.

»Im Beginne unserer Erdenentwicklung, als die Erde wie ein Urnebel auftaucht aus dem Schoß der Ewigkeit, da sind alle solchen Wesen verbunden mit der Erde. Es sind die genannten Wesen und Wesen noch höherer Art, wie die

1. Angeloi
2. Archangeloi
3. Archai
4. Exusiai
5. Throne
6. Cherubim
7. Seraphim«

In allen vorchristlichen Epochen erlebten die Menschen das Göttliche in Ekstase. Sie gingen aus sich heraus. Das Göttliche fanden sie außer sich. Wenn wir also heute die vorchristlichen Epochen in ihren religiösen Zeremonien kopieren, machen wir bewußtseinsmäßig einen Rückschritt.

Nach dem Christus-Ereignis können die Menschen das Göttliche in sich finden. Denn dadurch, daß einmal ein

Mensch, Jesus, das Gottesbewußtsein in sich aufgenommen hat durch Kreuzigung des EGO, ist es potentiell von diesem Zeitpunkt an für den einzelnen möglich geworden, den gleichen Weg nachzuvollziehen: Die Reinheit der Gedanken, Worte, Gefühle und Taten läutert den Menschen in seiner Ganzheit, so daß das Gottesbewußtsein in ihn einziehen kann.

Ob wir uns nun zum Beispiel Moslems, Hinduisten, Buddhisten oder Christen nennen, nicht darauf kommt es an, sondern allein auf die Tatsache, welche Fähigkeiten wir in bezug auf die genannte Läuterung unseres Wesens entwikkeln. Dies setzt klares Denken voraus, ein unbedingtes Wissen geistiger Zusammenhänge und selbstverständlich ein im täglichen Leben angewandtes Wissen.

Eine solche Vorgehensweise war gar nicht in vorchristlichen Zeiten und auch nicht zur Christus-Zeit möglich, da die Mehrzahl der Menschen ungebildet war. Erst allmählich, mit der griechisch-lateinischen Kultur-Epoche, kam durch die griechischen Philosophen das klare Denken, und langsam entwickelte sich die materialistische Naturwissenschaft, die den Intellekt förderte. Erst jetzt finden wir den Beginn für eine allmähliche, jedoch stetig wachsende intellektuelle Bildung, die in der nachchristlichen Zeit behutsam an Wachstum gewann. Intellektuelle Bildung — damit ist vorwiegend die Fähigkeit zum klaren logischen Denken gemeint, das durch keine Grenzen wie beispielsweise Vorurteile oder Lieblingsvorstellungen blockiert ist — also: intellektuelle Bildung scheint eine Voraussetzung zu sein, um nicht nur gefühlsmäßig intuitiv, sondern vor allem mit der Kraft der klaren Erkenntnis die unaussprechliche Größe dieses Christus-Bewußtseins auch nur annähernd zu erfassen.

So zieht erst jetzt langsam das Zeitalter herauf, wo immer mehr Menschen durch ihre klare Erkenntnisfähigkeit dieses gewaltige Ereignis besser begreifen können. So ist für unsere und für alle kommenden Epochen nicht mehr der Weg der

Ekstase wie in vorchristlichen Zeiten, sondern der Weg der Verinnerlichung eine Möglichkeit, das Höchste in sich zu finden; den LOGOS, das WORT, das GÖTTLICHE BEWUSSTSEIN, das neue ICH-Bewußtsein.

Um sein Bewußtsein zu verändern, zu erweitern und dadurch die Möglichkeit zu haben, in andere geistige Dimensionen vorzudringen, sind etliche Voraussetzungen notwendig. Ein Gefühl der Verehrung und Liebe gegenüber der geistigen Welt ist eine der wesentlichen Voraussetzungen. Doch zuvor ist es notwendig, ein Wissen von der Existenz geistiger Welten und Kräfte sich erarbeitet zu haben.

Wenn Sie hin und wieder folgende Übungen machen, entwickeln sich in Ihnen allmählich geistige Fähigkeiten, die zum Erkennen geistiger Vorgänge beitragen:*

»Jeder Augenblick, in dem man sich hinsetzt, um in seinem Bewußtsein gewahr zu werden, was in einem steckt an abfälligen, richtenden, kritischen Urteilen über Welt und Leben, jeder solche Augenblick bringt uns der Erkenntnis näher. Und wir steigen rasch auf, wenn wir in solchen Augenblicken unser Bewußtsein nur erfüllen mit Gedanken, die uns mit Bewunderung, Achtung, Verehrung gegenüber Welt und Leben erfüllen. Wer in diesen Dingen Erfahrung hat, der weiß, daß in jedem solchen Augenblick Kräfte in dem Menschen erweckt werden, die sonst schlummernd bleiben. Für die Seele sind Verehrung, Achtung nährende Stoffe, die sie gesund, kräftig machen, vor allem kräftig zur Tätigkeit des ›Erkennens‹. Gibt man dem Körper Steine statt Brot, so erstirbt seine Tätigkeit. Ähnlich ist es mit der Seele: es sind Mißachtung, Antipathie, Unterschätzung des Anerkennenswerten, die Lähmung und Ersterben der erkennenden Tätigkeit bewirken.«

---

* Aus: ›Wie erlangt man Erkenntnisse der höheren Welten‹ von Rudolf Steiner, Rudolf-Steiner-Verlag, Dornach/Schweiz.

Weitere Übungen, die der Geheimschüler zum Erkennen geistiger Vorgänge in den früheren Geheimschulen und Mysterienstätten machen mußte, sind: Er mußte eine besondere Art des Zuhörens entwickeln:

»Für den Geheimschüler ist es von ganz besonderer Wichtigkeit, wie er anderen Menschen beim Sprechen zuhört. Er muß sich daran gewöhnen, dies so zu tun, daß dabei sein eigenes Inneres vollkommen schweigt. Wenn man einem anderen zuhört, regt sich im Innern im allgemeinen Zuspruch oder Widerspruch. Viele Menschen fühlen sich oft gedrängt, sofort ihre zustimmende oder namentlich ihre widersprechende Meinung zu äußern. Es ist damit nicht gemeint, daß man nun ein solches inneres, gründliches Schweigen fortwährend zu erreichen sucht. Es ist lediglich als Übung gemeint. Als Anfang sollte man es nur in einzelnen Fällen tun, die man mit Vorsatz sich auswählt. In der Geistesforschung wird solches planmäßig geübt. Nur wer durch selbstloses Zuhören es dahin bringt, daß er wirklich von innen aufnehmen kann, still, ohne Regung einer persönlichen Meinung oder eines persönlichen Gefühls, zu dem können die höheren Wesenheiten sprechen, von denen man in der Geisteswissenschaft spricht. Solange man noch irgendeine Meinung, irgendein Gefühl dem anderen beim Zuhören entgegenschleudert, schweigen die Wesenheiten der geistigen Welt.«

So gibt es eine Vielzahl geistiger Übungen, die der Geheimschüler beherrschen mußte und muß, mit denen er sein Bewußtsein erweitert und so zur Erkenntnis kam und immer noch kommt, die dann überliefert wurde und heute noch wird.

»Wer höhere Bewußtseins-Dimensionen erreichen will, braucht dafür ganz bestimmte Kräfte, die er unter anderem erreicht durch Eigenschaften wie Mut und Furchtlosigkeit. Um zu einer Bewußtseins-Erweiterung und damit zu ande-

94

ren Dimensionen zu gelangen, muß man einer Gefahr ruhig ist Auge schauen, Schwierigkeiten ohne Zagen überwinden wollen. Die seelischen Kräfte, die man durch Mut und Furchtlosigkeit erreicht, sind wesentlich, um in andere Dimensionen vorzustoßen. Hierzu gehört, daß ein Mißerfolg keine Mutlosigkeit aufkommen läßt. Jeder Mensch kann von den geistigen Geheimnissen nur so viel wahrnehmen, wie dem Grad seiner Reife entspricht. Nur deswegen gibt es Hindernisse zu den höheren Stufen des Wissens und Könnens, denn geistige Fähigkeiten reifen an Hindernissen.

Für manche Menschen ist das gewöhnliche Leben selbst schon ein mehr oder weniger unbewußter Einweihungsprozeß. Es sind das diejenigen, welche durch reiche Erfahrungen von solcher Art durchgehen, daß ihr Selbstvertrauen, ihr Mut und ihre Standhaftigkeit in gesunder Weise groß werden und daß sie Leid, Enttäuschung, Mißlingen von Unternehmungen mit ›Seelengröße‹ und besonders mit ›Ruhe‹ und in ›ungebrochener Kraft‹ ertragen lernen?«

»Seelische Kräfte können wir besonders in Gemeinschaft mit anderen entwickeln. An den Widerständen und Schwierigkeiten, die aus dieser Gemeinschaft entstehen, entwickeln wir unsere Kräfte. Und diese Kräfte, die wir durch die Hilfe der anderen errungen haben, sollten wir auch mit ihnen teilen.«

Erkennen Sie die große Macht Ihres schöpferischen Geistes, und gestalten Sie durch ihn Ihr Schicksal mit dem Einsatz Ihres Willens.

Ein tiefer, erfüllender Sinn und Freude kehren in Ihr Leben ein. Viel Glück bei der schöpferischen Gestaltung Ihres neuen Lebens.

7

Übungsteil von Margarete Friebe

Bevor ich nun etwas über die tiefgreifenden Wirkungen unserer Übungen aussage, muß ich zuvor die vielfältigen Möglichkeiten klären, die noch ungenutzt, latent in jedem Individuum liegen. Jeder Mensch erlebt den Teil, den Ausschnitt der gesamten Realität, auf den er sich konzentriert. Und diesen Teil zieht er dann in seinen geistigen, seelischen oder materiellen Erlebnisbereich hinein.

Das Individuum erlebt jeweils das, worauf es sich konzentriert. Sie schaffen sich also Ihre subjektive Realität durch Konzentration auf einen bestimmten Ausschnitt der Gesamtrealität. Bisher haben wir nur maximal zwanzig Prozent aller unserer Fähigkeiten entwickelt. Mehr als achtzig Prozent aller Möglichkeiten liegen im Unbewußten. Mit unseren Übungen schaffen wir einen direkten Zugang zu diesem unbewußten Bereich, um die potentiellen Möglichkeiten realisierbar zu machen. Mit der Beschäftigung des Unbewußten beginnen wir das bisher nicht Erkannte, nicht Faßbare ins Bewußte zu transformieren. Dieser Vorgang stellt eine Bewußtseinserweiterung dar. Der Grad des Bewußtseins entscheidet über die Wahrnehmungsfähigkeit. Je weiter das Bewußtsein, desto mehr kann von der Realität wahrgenommen werden. Der heutige Entwicklungsstand der Menschen, die nur maximal zwanzig Prozent aller ihrer Fähigkeiten entwickelt haben, läßt erkennen, daß wir nur den geringsten Teil der Realität wahrnehmen und bewußt erleben. Es ist der Ausschnitt, den wir mit unseren fünf Sinnen erfassen können. Darüber hinaus existiert aber eine Art geistiger Kosmos mit Energiefeldern, wo Gedanken und Ideen ihr Zuhause haben. In diesen Bereichen gelten harmonische Gesetzmäßigkeiten. Die Kenntnis und Anwendung dieser geistigen Gesetze, wie ich sie in meinem zweiten Seminar und Buch ›Das Omega-Training — Bewußtseinsdimensionen‹ (Oesch Verlag Zürich) darlege, befähigt zur Erweiterung des Bewußtseins und zum Erleben bisher unbekannter geistiger Dimensionen.

Realität der Gedanken und Ideen

Was sind nun Gedanken, Ideen? Was ist Materie? Jede Materie ist das Produkt eines geistigen Vorgangs. Es ist das Resultat des denkenden Ichs, das Vorstellungen und Ideen produziert und aufnimmt. Nie ist zuerst die Materie da und dann die Idee, sondern es ist stets umgekehrt. Alles, was ist, resultiert aus Ideen. Nicht der Tisch war zuerst da, sondern im Anfang stand die Idee ›Tisch‹. So stellt die Ebene der Ideen und Gedanken die primäre Realität dar, aus der heraus die sichtbare, materielle Welt entstanden ist und entsteht. Sie ist die sekundäre Realität, auf die sich viele einzig und allein konzentrieren, nämlich auf den ›Ausfluß‹ der Ideen. Ohne Ideen wäre nichts. So ist der Mensch stets schöpferisch tätig. Das verbindet ihn zu seinem Schöpfer, zu Gott. Im Anfang war das Wort. Die Idee. Die ganze Natur zeigt uns die Ideen des Schöpfers.

Die geistige Realität in allem — ›DER ALLES‹

So müßte jede ernste Wissenschaft letztlich zu Gott zurückführen, wie Goethe sagt. ›Hermes Trismegistos‹, ein Altägypter, der die erste Mysterienstätte gegründet hat, definiert Gott mit dem Begriff ›DER ALLES‹. Er erklärt, daß hinter allen äußeren Erscheinungen immer eine ›substantielle Realität‹ (eine wesenhafte Wirklichkeit) sein muß. Der Mensch — das Universum in Betracht ziehend, von dem er ein Teil ist, zu dem er gehört — sieht einen ständigen Wandel in den Bereichen der Materie, der Kräfte, Energien, ebenfalls in allen geistigen und seelischen Zuständen. Der Mensch erkennt, daß nichts wirklich ›IST‹, sondern daß alles im Werden und Wandel ist. Nichts steht still. Alles ist geboren, wächst, stirbt. Genau im Moment, wo etwas seinen Höhepunkt erreicht hat, beginnt der Abstieg, der Verfall. Das geistige Gesetz des Rhythmus ist in ständiger Aktion auf allen Ebenen. Nichts ist beständig — nur der ständige Wandel. Der Mensch sieht, wie alle Dinge, alle Zustände von anderen Dingen und Zuständen entstehen, sich auflösen, sich umwandeln in wieder anderes. Eine ständige Aktion und Reaktion, Zufluß und Ausfluß, Aufbau und Abbruch, Erschaffung und Zerstörung, Geburt, Wachstum, Tod. Nichts ist bleibend, nur der Wandel.

Der denkende Mensch erkennt, daß dieser beständige Wandel äußere Erscheinungen, Manifestationen sind von einer zu Grunde liegenden Kraft, einer ›Substantiellen Realität‹ (wesenhaften Wirklichkeit), die Hermes Trismegistos mit dem Begriff ›DER ALLES‹ definiert. Alle Denker in allen Ländern und zu allen Zeiten haben die Notwendigkeit gelten lassen, die Existenz dieser wesenhaften Wirklichkeit als gegeben vorauszusetzen. Alle großen, wahren Philosophien basieren auf diesem Gedanken. Die Menschen haben dieser wesenhaften Wirklichkeit viele Namen gegeben: manche wählten den Begriff ›GOTT‹, andere ›die UNENDLICHE und EWIGE ENERGIE‹ und viele Namen mehr. Alle bestätigen die Existenz dieser substantiellen Realität. Sie ist augenscheinlich, einleuchtend.

Der beständige Wechsel in allem zeugt von einem unaufhörlichen Schöpfungsprozeß, an dem jeder durch sein Wirken einen Anteil hat und für diesen Anteil auch die Verantwortung trägt. Nur wenige Menschen sind sich dieser Verantwortung bewußt, weil sie nicht wissen, daß die Gedanken und Handlungen ihrer Qualität nach ständige Veränderungen bewirken, sowohl im individuellen als auch im Umwelt-Bereich.

Die schöpferische Ebene im Menschen ist die Ebene des Geistes, der Gedanken. Auf was konzentrierten Sie jeweils Ihre Gedanken? Denn Sie ziehen immer das in Ihren Erlebnisbereich, auf das Sie sich konzentrieren.

Denken Sie an die nicht erfaßbare Vielzahl von zum Beispiel Wissensinhalten oder Gegebenheiten, Ereignissen und Möglichkeiten der Vergangenheit, Gegenwart und Zukunft. Diese Vorstellung von der nicht erfaßbaren Vielfältigkeit unterstützt das Bemühen, sich nicht festzulegen, sondern zu erkennen, daß jeder nur gemäß seiner momentanen inneren Einstellung den Ausschnitt aus der gesamten Realität wahrnehmen kann, der ihm, der seinem Bewußtseinsgrad entspricht. Alles andere wird nicht von seinem Bewußtsein aufgenommen. Es ist, als wenn Sie zum Beispiel den Radiosender ›Luxemburg‹ eingestellt haben. Auf allen anderen Sendern wird zur gleichen Zeit gesendet, doch Sie nehmen nur Radio ›Luxemburg‹ in Ihr Bewußtsein auf. Diesen Sender haben Sie gewählt. Auf welchen Ausschnitt der Realität richten Sie Ihre Aufmerksamkeit? Diesen jeweiligen Ausschnitt machen Sie sich sodann bewußt. Entsprechende Gedanken tauchen in Ihnen auf, die beeindruckend auf die Seele wirken und auch in Ihre Handlungen einfließen können. Diejenigen, die fasziniert sind von einem auserwählten Aspekt der Realität, richten ihre ganze Aufmerksamkeit, alle ihre Kräfte und Energien auf diesen Aspekt.

Das Bewußtsein erleidet eine Einengung zugunsten des intimen Kennenlernens dieses einen Ausschnittes. Einengung des Bewußtseins ist der Hypnose gleichzusetzen. In diesem hypnotischen Zustand wird unter Ausschluß aller anderen Gegebenheiten nur das wahrgenommen und erlebt, auf das die Konzentration gerichtet ist. Es ist leicht zu erkennen, wie viele Menschen heute unter Hypnose stehen. Es ist eine Selbsthypnose. Wer nur eine Perspektive der Realität auserwählt hat und seine ganze Konzentration wiederholt darauf richtet, ist in einem hypnotischen Zustand. Er nimmt die anderen Realitätsbereiche nicht wahr. Wer zum Beispiel sich ausschließlich mit der Erforschung der Natur oder Materie auseinandersetzt, ist hyponotisiert durch seine eigene Konzentration auf diese Ausschließlichkeit. Solange er nicht anfängt, mehr für möglich zu halten, ist er ein Gefangener in den von ihm selbst gesetzten Grenzen. Seine Aussagen haben daher auch nur einen ›begrenzten‹ Wert. Sie lassen sich keineswegs auf einen Bereich übertragen, der außerhalb seiner Grenzen liegt, der von ihm nicht wahrgenommen, daher auch nicht für möglich gehalten wird. Wie kann ein Mensch zum Beispiel etwas über geistige, über esoterische Bereiche aussagen, wenn er sich nicht ernsthaft um die Erforschung der esoterischen Gegebenheiten bemüht hat? Er kann sie weder akzeptieren noch ablehnen; er kann überhaupt keine Stellung dazu beziehen. Häufig wird dennoch dieser Versuch unternommen mit der Behauptung, daß alles naturwissenschaftlich erfaßbar und erklärbar sei.

Denken — ein geistiger Prozeß

Auch das Denken, dem ja diese Behauptung entspringt? Ist das Denken ein ›Naturvorgang‹? Oder ist es ein ›geistiger‹ Prozeß? Hierzu einige Ausführungen von Günter Friebe:

»Wenn das Gehirn aus sich selbst heraus ›denken‹ würde, gäbe es keine Denkfehler (›Schaltfehler‹), weil das Denken ja dem ›System‹ entspräche und den technischen Gegebenheiten zu hundert Prozent deckungsgleich wäre. Denkfehler sind nur möglich, wenn das Gehirn ›falsch programmiert‹ wird. Von wem…?!

Falsches Programmieren setzt eine außerhalb liegende Instanz — eine wirkende Wesenheit voraus, die vom Gehirn und seinen Nervengesetzmäßigkeiten unabhängig ist. (Sonst könnte es keine Fehler, das heißt — Abweichungen produzieren.) Die Möglichkeit des Denkfehlers beweist, daß das Denken keine Funktion des Gehirns ist, sondern sich des Gehirns bedient! Wer ist ›das Denken‹? Kann es ohne einen Träger gedacht werden — als ›Nichts aus sich selbst heraus‹?!

Nein, es muß ein Wesen da sein, das denkt — denn Denken ist ja ein Vorgang, keine ›Sache an sich‹. Das denkende Wesen kann, da es von einem zentralen Punkt ausgeht, nichts anderes sein als das ICH, das sich im Denken betätigt.«

Ein weiterer Beweis von Günter Friebe, daß das Denken nicht der Materie entstammen kann:

»Es gibt abstrakte Begriffe, die nicht nur ›abgezogen‹ sind (Namen) von der konkreten Materie — sondern die in sich abstrakt sind. Zum Beispiel der Begriff ›Unendlichkeit‹. Er ist in der Materie nirgends als Inhalt vorhanden. Kann auch nicht ›abgezogen‹ gedacht werden, etwa als Gegenstück oder Erweiterungsfrage (›alle Materie ist endlich — was ist eventuell *nicht* endlich?‹) — denn die Materie und ihre Inhalte (einschließlich davon abgezogene Begriffsinhalte) hätten keinen Anlaß und Antrieb, über sich selbst hinauszugehen. Ein Antrieb, über die Gegebenheiten hinauszugehen, kann nur durch ein Ich kommen, durch eine Instanz mit Willen und Zielrichtung, die zugleich mehr ist als der konkrete Begriffsinhalt. (Zumindest muß der *Antrieb* das ›Mehr‹ sein!) Selbst wenn das denkende Ich aus der Materie gekommen wäre, wäre es als Tatsache unmateriell — doch es ist nicht denkbar, daß es aus der Materie kommt, unmateriell wird und darüber hinaus auf Inhalte kommt, für die es in der Materie keine Anhaltspunkte oder Anregungen gibt.

Wichtig: Im Vergleich zur Unendlichkeit ist alles Endliche *unendlich* klein — es gäbe keine Unterschiede zwischen den Dingen, keine Relationen — da man ja ›unendlich klein‹ nicht in Relation zu ›unendlich klein‹ setzen kann. Es gibt keine Differenzen zwischen ›unendlich‹ und ›unendlich‹! Da Materie stets endlich ist — und Relationen und Größen aufweist —, kann es darin nicht die Unendlichkeit geben. Die Unendlichkeit ist abstrakt — und als in sich abstrakte Sache hat sie in der konkreten Welt (der Welt mit Relationen) nichts zu tun. Es sind zwei Welten: die konkrete und die ungegenständliche. Eine geht nicht aus der anderen hervor, beide haben keine echte Beziehung zueinander. Nur ein denkendes Ich kann Beziehungen schaffen (oder ›ausdenken‹).

Dieses Ich muß also *über* den voneinander völlig unabhängigen Welten stehen (zumindest außerhalb). Die wahre Abstraktion (Ungegenständlichkeit) gibt es nicht in der Materie!

Da das Denken jedoch überhaupt die Begriffe der Ungegenständlichkeit bilden (und das ›Unendliche‹ zum eigenen Inhalt oder als Objekt nehmen) kann, kann es kein Vorgang der Materie sein.«

Denken ist ein geistiger Vorgang, der vom Ich bewirkt wird. Gedanken sind reale Kräfte. Unsichtbare geistige Energien. Ständig gehen Sie mit unbekannten Elementen um. Nehmen Sie die Elektrizität. Es sind fließende Elektronen. Die Wirkung der Elektronen ist in Formeln festgehalten anhand von Messungen. Aber was ein Elektron ist, die Beschaffenheit oder Wesenhaftigkeit, weiß man nicht. Es ist ein Kraftfeld (Modellvorstellung). Ähnlich ist es mit den Gedanken.

Man kennt ihre Beschaffenheit nicht. Wohl aber ihre Wirkungen. Die Gedanken sind die stärkste Macht der Welt! Wenn die Gedanken in Harmonie mit den geistigen Gesetzen stehen, erzeugen sie auch Harmonie, Gesundheit und Erfolg. Der Gedanke wirkt wie ein Magnet. Er zieht immer Gleiches an, die gleiche Qualität. Positive Gedanken finden ihre Resonanz auf der gleichen Ebene. Durch die Resonanz erhalten Sie die Rückwirkung der Qualität, die Sie ausgesandt haben. Ebenso ist es mit negativen Gedanken: Die Rückwirkung durch die Resonanz − in diesem Fall negativer Qualität − trifft den Urheber, Sie selbst. Die Resonanz führt zu entsprechenden Erlebnissen, die man selbst auslöst und verstärkt, bis man die erwählte Gedankenrichtung in eine andere umpolt. Jeder Gedanke versucht, sich in jedem Fall in der entsprechenden Richtung zu verwirklichen.

Die äußere Welt spiegelt die materialisierten Ideen der Menschen wider. Der Bauherr hat eine genaue Vorstellung, Idee, von seinem Haus. Er zeichnet diese Idee auf Papier. Er sieht in seiner gedanklichen Vorstellung dieses Haus vollendet vor sich. Der Denkvorgang wird zur Gußform für das Gebäude, das man sich wünscht. Am Anfang ist stets der Gedanke, die Idee. Ein Sprichwort sagt: »Zeige mir die Gedanken eines Menschen, und ich kann dir die zukünftigen Ereignisse seines Lebens voraussagen.« Gedanken wirken also schicksalsgestaltend. Der Mensch ist der Selbstgestalter seines Schicksals.

Sobald Sie beginnen, in einer bestimmten Richtung zu denken, tritt eine Kettenreaktion ein: Denken Sie positiv, ziehen diese Gedanken positive nach sich, die stimulierend, inspirierend auf Sie einwirken. Umgekehrt ist es natürlich genauso: denken Sie negativ, strömen Ihnen negative Ideen zu, die Sie selbstverständlich beeindrucken. Die Qualität Ihrer Gedanken bestimmt immer darüber, welchen Ausschnitt der gesamten Realität Sie beleuchten. In diesem Lichtkreis leben Sie dann. Es ist Ihre Welt. Ihre subjektive

Welt, die Sie sich durch Ihre innere Einstellung erwählt haben. Alle anderen Realitätsbereiche liegen im Dunkeln und werden von Ihnen nicht wahrgenommen. Das heißt natürlich nicht, daß Sie zum Beispiel die negativen Erlebnisse nicht wahrnehmen sollen. Oh doch. Denn sie sind ein Teil der Realität. Genauso gehören jedoch alle positiven Bestrebungen und Situationen dazu. Es ist nur schwerer, sie wahrzunehmen, da die öffentlichen Medien vorwiegend die negativen Aspekte des Weltgeschehens berichten. Ein süddeutscher Professor machte Anfang 1978 einen Test: Er beauftragte einige Journalisten, alle positiven Ereignisse in der Welt zu registrieren. Der Test lief ein halbes Jahr lang. Von all den wahrhaft positiven Geschehnissen in der Welt ist nicht über eines berichtet worden. Fünfundachtzig Prozent aller Mitteilungen waren negativer Art in diesem Zeitraum. Das prägt natürlich die Einstellung und damit die Seelenverfassung der meisten Menschen. Es ist aus diesem Grunde leichter, negativ als positiv zu denken.

Wenn jedoch alles aus der Idee heraus entsteht – überlegen Sie mal, was nicht aus der Idee geboren wurde; Sie werden nichts finden –, dann ist es natürlich von großer Bedeutung, zu dem vorhandenen Negativen denkend eine positive Balance zu setzen. Beginnen Sie damit ruhig in Ihrer Phantasie, denn alles war einmal ein Produkt der Einbildung, der geistigen Vorstellung, der Phantasie.

Der große Physiker Werner Heisenberg sagte über die Phantasie: »Es ist ja gar nicht richtig, daß es in der Wissenschaft nur auf das logische Denken und auf das Verständnis und die Anwendung der festgefügten Naturgesetze ankommt. In Wirklichkeit spielt doch die PHANTASIE im Reich der Wissenschaft und gerade auch der Naturwissenschaft ›eine entscheidende Rolle‹.«

Alles, was Sie wahrnehmen, ist das Ergebnis von Ideen, menschlicher oder göttlicher. Es sind materialisierte Ideen. In jeder Materie ist die Idee gefangen. Die Idee, die der

Materie die Form gab und gibt. Dies gilt ebenso für den mineralischen, pflanzlichen, tierischen und menschlichen Bereich. Alle diese Bereiche offenbaren verkörperte göttliche Ideen.

Jede Idee versucht sich immer zu verwirklichen. Entscheidend ist der Grad der ausdauernden gedanklichen und gefühlsmäßigen Intensität.

Entspannung

Setzen Sie sich jetzt einmal ganz entspannt hin: Rücken gerade, Füße locker nebeneinander und die Hände in einer bequemen Lage im Schoß — nicht gekreuzt.

Schließen Sie die Augen. Fühlen Sie, wie Ihre Aufmerksamkeit sich von außen nach innen wendet. Stellen Sie sich jetzt ein ganz entspannendes Bild vor, zum Beispiel die untergehende rote Sonne. Lassen Sie dieses Bild auf sich wirken. — Oder betrachten Sie eine weiße Wolke, die langsam am blauen Himmel dahinzieht.

Stellen Sie sich jetzt eine senkrechte Gerade vor und denken Sie dabei an die Worte ICH BIN, ICH BIN ICH.

Atmen Sie gelassen ein und aus. Ziehen Sie beim Einatmen dabei Ihren Atem ruhig bis in den Bauch; er hebt sich ein wenig, dann höher in Lunge- und Kopfbereich. Beim ruhigen Ausatmen lassen Sie den Atem zuerst wieder aus dem Bauch-, dann Lungenbereich und zuletzt aus der Nase. Fühlen Sie, wie Sie bei jedem Ausatmen ein wenig tiefer gehen. Der Begriff ›tiefer‹ hat in unserer Übung die Bedeutung von ›tiefer eindringen in geistige Bereiche‹.

Ihr Bewußtsein soll dabei immer wacher werden. Konzentrieren Sie sich nur hin und wieder auf Ihren Atem.

Entspannen Sie jetzt ganz bewußt Ihre Augenlider, ihre Gesichtsmuskeln, den Nacken, die Arme, den gesamten Oberkörper. Alles fühlt sich allmählich ganz locker, ganz entspannt an. Es kann sein, daß Sie eine leichte Schwere in den Gliedern verspüren. Dies ist das Zeichen einer einsetzenden Entspannung. Die Hüften, Beine, Füße, alles ist jetzt ganz locker. Sie atmen dabei ruhig und gelassen.

Denken Sie nun an eine Pyramide, die oben geöffnet ist, und beginnen Sie von ihrer Spitze aus zu zählen in das Innere hinein von 12 bis 1. Bei jeder absteigenden Zahl fühlen Sie, wie Sie tiefer in sich hineingehen. Stellen Sie sich beim Zählen jeweils auch die Zahlen vor. Dieser Vorgang erfordert eine Konzentration, die Sie von anderen störenden Gedanken ablenkt. Es ist eine Vorbereitung auf die eigentliche Übung.

Wenn Sie bei der Zahl Eins angelangt sind, stellen Sie sich die Farbe Schwarz vor. Eine schwarze Fläche, die sich allmählich so erweitert, bis sie Ihr gesamtes Blickfeld einnimmt. Schwarz entspannt die Sehnerven, und über das Sehzentrum wirkt Schwarz entspannend auf das ganze Nervensystem, wie Dr. Cantor ausführt.

Nun denken Sie an eine weiße Fläche. Vielleicht an eine Kinoleinwand, die von weißem Licht angestrahlt ist. Auf der weißen Fläche erscheint oben ein roter Querstreifen. Er nimmt etwa den fünften Teil der weißen Fläche ein. Leuchtendes Rot; darunter ein gelber Streifen, strahlendes Hellgelb, dann ein grüner Streifen, frisches schönes Grün – und danach ein blauer Querstreifen, tiefes Himmelsblau. Und zum Schluß konzentrieren Sie sich auf die Farbe Violett.

Farben stellen etwas ganz Besonderes dar. Was wir als Farbe wahrnehmen, ist nur die Peripherie eines dahinterstehenden hohen geistigen Geschehens. Jede Farbe drückt eine andere geistige Qualität aus. Diese Qualität äußert sich in Schwingungen, die von der Seele registriert werden. Jeder hat aufgrund seiner individuellen geistig-seelischen Struktur eine Sympathie oder Antipathie zu einer bestimmten Farbe. So kann es sein, daß Sie sich manche Farben nur schwer vorstellen können, dafür andere besser. Die Farbvorstellungen vertiefen den Bezug zum geistig-seelischen Bereich, den wir ja erreichen wollen.

Auch bei den Tönen nehmen wir nur die Peripherie einer hohen geistigen Realität wahr. Das geistige Geschehen selbst entzieht sich dem normalen Alltagsbewußtsein.

Nur dem erweiterten Bewußtsein ist die Realität, welche hinter den Farben und Tönen wirkt, zugänglich. So sind die großen, wahren Künstler und Komponisten immer solche, die sich über sich selbst hinaus in diese geistigen Bereiche einstimmen konnten und können und ihre tiefen Eindrücke in Form von Kunstwerken der Menschheit offenbaren. Diese Kunstwerke sind keine intellektuellen Konstruktionen, die aus der subjektiven Begrenzung einer Persönlichkeit geschaffen wurden, sondern es sind Werke, die dem Menschen die Verbindung zum Geistigen geben; es sind Brücken zur geistigen Welt.

Nachdem Sie sich nun auf der weißen Fläche nacheinander die Farben Rot, Gelb, Grün, Blau und Violett vorgestellt haben, verschwinden alle diese Farben sowie die weiße Fläche vor Ihrem Blickfeld.

Entspannungsort

Sie schaffen sich jetzt einen ›Entspannungs-Ort‹. Eine Ferienlandschaft, die Sie in natura erlebt haben oder auch ein Phantasiebild. Sie haben die Augen noch geschlossen. Stellen Sie sich einen bequemen Sitzplatz auf Ihrem Entspannungsort vor. Dort sitzen Sie ganz ruhig und gelöst und blicken geradeaus in die Ferne. Was sehen Sie? Schauen Sie nach rechts und nach links. Sehen Sie Berge, Wälder oder Flächen? Und was ist hinter Ihnen? In jedem Fall sind Sie geschützt. Sie sind sicher, daß Sie allein sind und nicht beobachtet oder gestört werden. Schauen Sie jetzt wieder nach vorne und betrachten Sie sich einmal selbst, wie Sie ganz locker und entspannt in Ihrem Ruhesessel auf Ihrem Entspannungsort sitzen. Atmen Sie ruhig ein und aus. Fühlen Sie, wie bei jedem Ausatmen Ruhe und Gelassenheit Sie durchdringen.

Wenn störende, ablenkende Gedanken auftauchen — das ist ganz normal —, dann versuchen Sie einfach, diese Gedanken zu ignorieren und sich wieder auf Ihre Übung zu konzentrieren. Ärgern Sie sich nicht über störende Gedanken, denn der Ärger übt eine Anziehung aus, so daß Sie die ablenkenden Gedanken nur noch stärker festhalten.

Bildschirmtechnik
(Wunscherfüllung; Zielverwirklichung)

Lassen Sie jetzt vor sich — im Abstand von einigen Metern — eine *Leinwand* oder einen *geistigen Bildschirm* entstehen. Dieser geistige Bildschirm hilft Ihnen, *Wünsche* und *Ziele* zu verwirklichen.

Um Ihren geistigen Bildschirm zu lokalisieren und wirksam zu machen, heben Sie bitte Ihre Blickrichtung bei geschlossenen Augen um etwa 20 Grad an: Sie blicken also leicht aufwärts. In dem Blickbereich, den Sie damit erfassen, liegt Ihr potentieller ›geistiger Bildschirm‹ — zunächst rein als Möglichkeit vorhanden, bei entsprechender Übung als definierte geistige Realität. Während der Übung denken Sie nicht mehr an das Anheben der Blickrichtung um 20 Grad. Dies gilt nur zum Beginn, lediglich zum Einstimmen in die Übung. Wenn Sie die Blickrichtung um etwa 20 Grad anheben, erreichen Sie damit einen Bereich, der etwas erhöht zwischen den beiden Augen liegt. In diesem Bereich ist eine heute verkümmerte Drüse — die Zirbeldrüse. In früheren Zeiten hat die Aktivität dieser Drüse bei manchen Menschen zum ›Hellsehen‹ beigetragen. Man spricht auch vom ›Dritten Auge‹. Durch die anfängliche Konzentration auf diesen Bereich wird eine bessere Vorstellungskraft bewirkt. Man hat auch festgestellt, daß beim leichten Aufwärtsblikken mehr Alpha-Gehirnstromschwingungen produziert werden.

Wählen Sie den Abstand des Bildschirms so, daß die darauf projizierten Bilder deutlich erkennbar sind. Konzentrieren Sie sich vor allem auf die Farben der Bilder. Mit dieser Bildschirm- oder Leinwandtechnik schaffen Sie *Leitbilder* für das Unbewußte. Bevor Sie mit dieser Technik beginnen, sollten Sie sich Klarheit über Ihre Wünsche und Ziele verschaffen. Haben Sie viele Wünsche, so setzen Sie Schwerpunkte. Manche Menschen wissen nicht, was sie wollen. Daher leben sie einfach nur so dahin und erreichen natürlich nichts.

Während ein Pfarrer bei einem Spaziergang über eine Wiese seine Predigt vorbereitete, begegnete er einem Mann, der das Heu zusammenharkte. Er kannte diesen Mann und fragte ihn: »Wie geht's?« – »Sie sehen doch, wie es mir geht«, war die unzufriedende Antwort. »Gefällt Ihnen denn Ihre Arbeit nicht?« fragte der Pfarrer. Nein, sie gefiel dem Mann überhaupt nicht. »Ja, was würde Ihnen denn mehr Freude machen?« wollte der Pfarrer wissen. Der Mann wußte es nicht. Er hatte keine Vorstellung, was er erreichen möchte, was ihn erfüllen würde. So bekam er vom Pfarrer den Auftrag, einmal aufzuschreiben, was ihm Freude bereiten könnte. Nach einer Woche traf der Pfarrer den Mann wieder, der sich erstmals versucht hatte, Klarheit über seine Wünsche und Ziele zu verschaffen. Freude hätte er daran, irgendwie gestaltend mit Holz zu arbeiten. Die beiden Männer arbeiteten gemeinsam einen Plan aus, wie dies zu erreichen ist. Heute hat der Mann eine eigene Schreinerwerkstatt und ist glücklich. Hätte er sich nicht Klarheit über seine Wünsche verschafft und einen Plan zur Verwirklichung ausgearbeitet, würde er sicher heute noch Hilfsarbeiten verrichten und unzufrieden dahinleben.

Wenn Sie sich also im klaren sind über Ihre Wünsche, so nehmen Sie zuerst einmal den für Sie wesentlichsten Wunsch und projizieren Sie ihn auf Ihren geistigen Bildschirm. Sehen Sie den Wunsch bildhaft vor sich. Stellen Sie sich selbst auf Ihrem Bildschirm in einer Situation vor, in welcher dieser Wunsch bereits verwirklicht ist. Fühlen Sie Freude darüber in sich. Wenn Sie keine klaren Bilder sehen, dann ersetzen Sie die Bilder durch Begriffe. Sie können auf den Bildschirm oder auf die Leinwand den Wunsch schreiben. Im Lauf der Zeit entstehen dann Bilder.

Den Wunsch, den Sie sich von Ihrem Entspannungsort aus bildhaft oder geschrieben vorstellen, laden Sie mit aller Energie auf, indem Sie sich so in dieses Bild einleben, als wäre es bereits Wirklichkeit.

Machen Sie sich dabei bewußt, daß alles, was sein wird, zuerst in der Idee, in der Ein-Bildung, in der Phantasie vorhanden sein muß. Das Haus wäre nicht entstanden, wenn nicht ›vorher‹ die Idee Haus, Tasse, Tisch, Fahrzeug usw. gewesen wäre. Alles ist ein Produkt der Vorstellung, der Ideen. Aus der geistigen Ebene der Ideen entsteht die physische Realität. Gedanken sind Kraftfelder, die durch Einstellung, Vorstellung, Bilder, durch geistige Aktivität wirken.

Edward Russel, ein Biologe, machte folgendes Experiment: Er nahm ein unbefruchtetes Salamander-Ei (auch andere Eier) und maß das elektrische Feld. Es verhielt sich so, als wäre es ein Ei mit ›bereits vorhandenen Organanlagen‹. Danach muß auf jeden Fall ›vorher‹ schon die Idee des Salamanders vorhanden sein, die sich im elektrischen Feld manifestiert. Die Idee, der Gedanke, der Begriff sind die Formgeber alles Werdenden.

Ein anderes Beispiel für die enorme Wirkung der Gedanken: Cleve Backster, Elektroniker, war maßgeblich beteiligt an der Entwicklung des Lügendetektors − genannt Polygraph, einem elektronischen Meßgerät. Cleve Backster machte folgendes Experiment, um die Realität und Wir-

110

kung der Gedanken zu beweisen: Er war 320 Meilen von zu Hause entfernt in einem Hotel. Er rief zu Hause an und bat, den Polygraphen einzuschalten. Der Polygraph war mit seiner Pflanze, einem Philodendron verbunden. Jetzt saß Cleve Backster in seinem Hotel und dachte liebevoll an seine Pflanze — und der Philodendron reagierte sofort. Der Polygraph machte entsprechende Aufzeichnungen. Dieses elektronische Meßgerät mißt die elektrischen Spannungsverhältnisse an der Blattoberfläche.

Gedanken erzeugen Wirkungen, die den Urheber der Gedanken treffen.

Wenn Sie also die geistige Bildschirmtechnik einsetzen und sich auf Ihre Wunsch- oder Zielvorstellung mit aller Energie und Hingabe konzentrieren — so als wäre dieses Bild bereits Wirklichkeit —, dann aktivieren Sie alle Kräfte in sich, die zur Realisierung dieses Bildes beitragen. Dieses Bild wirkt auf Sie wie ein Magnet. Es erzeugt in Ihnen Ideen, die Sie dem Ziel näherbringen — bis es erreicht ist. Darüber hinaus geben Sie durch Ihre innere Einstellung, durch Ihre Vorstellungen ständige Impulse an die Umwelt. Sie ziehen dadurch Personen zu sich heran, und Sie bringen sich in Situationen, die Ihre Vorstellungen unterstützen.

Alles, was ist, war zuerst eine geistige Gegebenheit. Alle Ereignisse sind bereits geistig vorhanden, bevor sie sich realisieren. Es gibt eine unvorstellbare Zahl von potentiellen Möglichkeiten, die sich physisch verwirklichen können. Dies hängt von der ausdauernden Intensität der gedanklichen und gefühlsmäßigen Konzentration des Menschen auf eine der potentiellen Möglichkeiten ab.

Machen Sie sich immer wieder bewußt, daß Gedanken Energien sind, die alles durchdringen. Kein Gedanke bleibt innerhalb der Körperlichkeit gefangen. Er wirkt sowohl auf den Organismus ein und erzeugt Wirkungen als auch ausstrahlend auf die Umwelt. Jeder Mensch hat eine indivduelle Ausstrahlung, die seiner inneren gedanklichen Einstellung entspricht.

8

Die Spiegeltechnik
(Problemlösung und -überwindung)

Die Spiegeltechnik hilft, Probleme zu lösen. Wir gehen dabei nicht analytisch vor, denn es gibt Probleme, die längst ihre ›Aufgaben‹ erfüllt haben.

Setzen Sie sich bequem hin. Füße nebeneinander, Hände locker im Schoß, nicht gekreuzt. Wenn möglich sollte das Licht im Raum etwas abgedämpft sein. Schließen Sie die Augen, atmen Sie ruhig und gelassen ein und aus. Stellen Sie sich ein Bild vor, das Ihnen angenehm ist. Lassen Sie es ganz passiv auf sich wirken, zum Beispiel die untergehende rote Sonne — oder eine weiße Wolke, die langsam am blauen Himmel dahinzieht.

Denken Sie auch an die senkrechte Gerade, und konzentrieren Sie sich dabei auf die Worte »ICH BIN« — »ICH BIN ICH«.

Zählen Sie sich jetzt langsam mit zwölf zu eins auf Ihren Entspannungsort. Stellen Sie sich dabei die Zahlen vor und fühlen Sie, wie Sie bei jeder absteigenden Zahl tiefer gehen, tiefer in sich hinein. Erinnern Sie sich, daß die Bedeutung des Wortes ›tiefer‹ heißt, ›tiefer vorzudringen in geistige Bereiche‹, also dabei immer wacher zu werden, das Unbewußte allmählich ins Bewußtsein zu heben; das Bewußtsein zu erweitern.

Nehmen Sie in Ihrem Ruhesessel Platz, ganz entspannt, betrachten Sie Ihren Entspannungsort; empfinden Sie seine Harmonie und den Frieden.

Schaffen Sie jetzt geistig einen großen Spiegel, der im Abstand von einigen Metern vor Ihnen steht. Er soll in seiner Größe anpassungsfähig sein, so daß Sie ganze Szenen darin abbilden können. Der Spiegel soll einen Rahmen haben. Die Farbe des Rahmens ist blau. Blau bedeutet: kühle Ferne. Es kommt bei diesem Spiegel nicht auf die Spiegelbildlichkeit an (seitenverkehrt), sondern darauf, daß sich ein Problem spiegelt. In den blaugerahmten Spiegel kommt Ihr jeweiliges Problem. Machen Sie eine Problemstudie. Erfassen Sie einige Komponenten des Problems, mit allen negativen Gefühlen, die dabei entstehen.

Wenn Ihre Studie fertig ist, löschen Sie das Bild im Spiegel komplett aus — mit einem Lappen, mit einem Schlauch; was Ihnen als Löschmittel am geeignetsten erscheint. Den Auslöschvorgang stellen Sie sich ganz bewußt vor, und Sie empfinden, wie damit das Problem geistig zerstört wird. Sie entziehen ihm die geistige Kraft. Der Spiegel ist dann wieder frei.

Nun schaffen Sie ein Bild der Problemlösung und projizieren die Lösung, den ersehnten Endzustand, auf Ihren geistigen Bildschirm. Stellen Sie sich nie den Weg als Problemlösung vor — es gibt viele Lösungswege — sondern stets das *Endresultat*. Konzentrieren Sie sich mit aller Energie und Hingabe auf dieses Bild der Lösung und fühlen Sie, wie Sie sich freuen werden, wenn dieses Bild Wirklichkeit wird. Verbinden Sie das ersehnte Endresultat immer mit der Freude, die Sie über die Lösung empfinden. Machen Sie das Bild lebendig mit allen frohen Empfindungen und Gedanken. Wenn es ein menschliches Problem ist: verzeihen Sie sich selbst und anderen — fühlen Sie wieder den Einklang, die Harmonie. Wer sich selbst verzeiht, kann auch anderen verzeihen.

Das Anwenden dieser Spiegeltechnik erzeugt umwälzende, tiefgreifende Wirkungen. Sie setzen Ihr Problem in den Spiegel. Haben Sie es nicht bildhaft vor sich, so schreiben

Sie es — vielleicht mit einem dicken Filzstift — auf den Spiegel. Auf jeden Fall sind Sie mit Hilfe der Spiegeltechnik zu Ihrem Problem auf Distanz gegangen. Sie haben es vor sich, das heißt, Sie haben sich geistig von ihm gelöst. Nun machen Sie eine Studie; sie erfassen einige Komponenten des Problems und löschen es mit aller Energie komplett aus. Durch diese geistige Aktivität entziehen Sie dem Problem die geistige Kraft. Sie schwächen es. Auch wenn es — wie das bei manchem passiert — sich wieder in den Spiegel hineindrängen will, entziehen Sie ihm unter Einsatz Ihres Willens und mit Disziplin Ihre Aufmerksamkeit. Lenken Sie Ihr Bewußtsein konzentriert auf das Bild der Lösung, das Sie nach dem Löschungsakt auf Ihren geistigen Bildschirm projizieren. Investieren Sie in dieses Bild, in den ersehnten Endzustand, die Freude, die Sie empfinden werden, wenn dieses Bild Wirklichkeit wird.

Mit dieser Spiegeltechnik wenden Sie das hermetische Gesetz der Polarität an (siehe mein Buch ›Das OMEGA-TRAINING‹). Alles ist polar: schwarz — weiß; heiß — kalt; Liebe — Haß; hoch — tief usw. Zu jedem Problem gehört die Lösung. Nach dem Gesetz der Polarität ist die Lösung bereits vorhanden, wenn das Problem auftaucht. Es kommt jetzt nur auf das Bewußtsein an, ob es sich zur Lösung hinorientiert, öffnet, oder ob es sich auf das Problem konzentriert. Die Qualität strömt jeweils in Ihr Bewußtsein ein, für die es sich öffnet. Konzentrieren Sie sich vorwiegend auf Ihr Problem, so ist Ihr Bewußtsein erfüllt von bedrückenden, negativen Eindrücken, die inspirierend in der negativen Richtung wirken. Belastende Gedanken tauchen in Ihnen auf, die gerade dazu beitragen, das Problem zu erhalten. Wie Sie ja bereits wissen, hat jeder Gedanke magnetische Kraft und zieht immer das heran, was seiner Qualität entspricht: Sie haben zwei C- und eine F-Stimmgabel. Bringen Sie eine C-Stimmgabel in Schwingung, dann schwingt die andere mit, es ist eine Resonanz da — nicht so bei der

F-Stimmgabel. Sie bleibt unberührt. Es besteht eine Dissonanz. Genauso ist es mit Ihren Gedanken und Vorstellungen: schalten Sie sich auf die Problem-Ebene ein, so befinden Sie sich auf der negativen Wellenlänge und erhalten eine negative Resonanz. Ihr Problem erfährt eine beständige Bestätigung — und dadurch erhält es sich am Leben. Es breitet sich aus. Das Problem kann so gewichtig werden, daß Ihr Bewußtsein immer mehr damit erfüllt wird und dadurch eine stetig stärker werdende Anziehungskraft für alles Negative erhält. Auf diesem Boden gedeiht Pessimismus, der das Leben überschattet. Es können Depressionen entstehen.

Durch ein solches Verhalten hat man sich auf einen Ausschnitt der Realität konzentriert: auf den negativen — mit allen bedrückenden Eindrücken, die diesem Ausschnitt zu eigen sind, ohne dabei die universale Realität zu berücksichtigen, die alles beinhaltet, das Negative *und* das Positive.

Wenn man Realist sein will, ist es eine zwingende Notwendigkeit, sein Bewußtsein offen für alle Eindrücke zu halten. Sowohl das Negative als auch das Positive bewußt wahrnehmen zu wollen. Derjenige, der nur das Positive sehen will, orientiert sich ebenfalls einseitig. Wie kann man ausgleichend, verbessernd wirken, zur Entwicklung beitragen, wenn man nicht vom Negativen den Impuls zur Überwindung, zur Änderung, zur Verbesserung erhält?

Wenn Sie jedes Problem unter diesem Aspekt betrachten, erfahren Sie, daß wir alle unsere Schwächen und Schwierigkeiten brauchen, denn nur durch sie können wir uns entwickeln. Wäre alles in Perfektion, in Harmonie, gäbe es keine Schwierigkeiten, dann hätten wir eine Stagnation. Gerade die Probleme sind eine bedeutsame Hilfe zur Erkenntnis. Wenden wir die Erkenntnis an, erleben wir einen inneren Reifeprozeß, der uns neue Einblicke gewährt — unser Bewußtsein erweitert, das dadurch immer fähiger wird, mehr von der universalen Realität wahrzunehmen. Mit dem größeren Wahrnehmungsvermögen erhält der Mensch neue Eindrücke, seine Wertmaßstäbe ändern sich. Er wird schöpferisch in Richtung dieser neuen Impulse, macht neue Entdeckungen; enthüllt das seinem engen Bewußtsein bisher Verborgene. Die Entwicklung findet immer statt. Nichts steht still. Alles ist in ständiger Vibration und Schwingung (siehe mein Buch ›DAS OMEGA-TRAINING‹, das ›dritte Gesetz der Schwingung‹). Alles wandelt sich beständig. Dies entspricht dem geistigen Gesetz. Darum dient es unbedingt einer positiven, erfreulichen höheren geistigen Entwicklung, nicht festhalten zu wollen. Bejahend mit allen Änderungen mitzugehen. Auch nicht sich zu klammern an eine liebgewonnene Einstellung, wenn neue Erkenntnisse hinzukommen. Wer sich von Dogmen und Konzepten einengen läßt, beschneidet in dramatischer Weise seinem Bewußtsein die Flügel, das sich nun nicht mehr in den schöpferischen Prozeß erheben kann. Jede in nur eine Richtung orientierte Einstellung tendiert zum Fanatismus und zur Sektiererei, welche qualvoll das Bewußtsein unterdrücken.

Nur der unwissende Mensch kann seinem Bewußtsein erlauben, sich einzuengen auf einen Realitätsausschnitt, z. B. auf den negativen, auf ein Problem. Nur die Unwissenheit vermag dem Bewußtsein Bremsen anzulegen, daß es unfähig zur Wandlung wird, sich nicht ausdehnen kann, um wahrhaft realitätsbewußt zu werden — eben auch alles Schöne, Erhabene, alle Güte und Liebe aufzunehmen.

Es liegt in der Freiheit des Menschen, an der Entwicklung teilzunehmen oder zurückzubleiben. Wer stehenbleibt, wer sich starr in der Enge seiner momentanen Bewußtseins-Grenzen aufhält, der erfährt auf jeden Fall Leid. Denn gemäß den geistigen Gesetzen ›der Polarität‹, ›des Rhythmus‹ und ›der Schwingung‹ lebt und wirkt in ›allem‹ der Impuls zur beständigen Veränderung. Der Mensch, der sein Bewußtsein unter dem Druck hält, sich in der Enge eines Realitätsausschnittes aufzuhalten, der seinem Bewußtsein keine Offenheit und Flexibilität, keine Bereitschaft zum Aufnehmen anderer Denkinhalte erlaubt, dieser Mensch vermittelt seiner Seele durch sein starres, enges Bewußtsein bedrückende Denkinhalte, welche die Seele in Ketten legen. Sie wird an ihrer Expansion gehindert. Sie gerät in eine Depression; Schwierigkeiten, Leid, tauchen auf. Solange der Mensch sich diesen Zustand erhält, ist er unfähig, Freude und Glück zu empfinden, denn er hat sein Bewußtsein nicht auf diese Wellenlänge eingestellt. Erst wenn er — oft durch die Motivation des Leides — beginnt, nach neuen Denkinhalten Ausschau zu halten, die ihm helfen, sich aus seiner Enge zu befreien, die ihm Offenheit und Toleranz vermitteln, dann kann sein sich öffnendes Bewußtsein auch die positiven Aspekte aufnehmen. Der Mensch erlebt damit die gesetzmäßige Wandlung. Erleichterung, Freude, schöpferische Ideen und positive Erlebnisse bereichern nun sein Leben.

Hierzu verhilft Ihnen die Spiegeltechnik. Ihr jeweiliges Problem dürfen Sie nur einmal löschen. Würden Sie es jeden Tag erneut löschen, dann erhielte es genau die Aufmerksamkeit, nach der es sich sehnt, von der sich das Problem ernähren und erhalten kann. Wir wollen ihm ja gerade die geistige Nahrung entziehen. Wann immer Sie nach dem Löschungsakt wieder an Ihr Problem erinnert werden, richten Sie Ihre ganze Konzentration unter Einsatz Ihres Willens auf die Lösung, den ersehnten Endzustand. Sie richten Ihr Bewußtsein auf die Lösung und nicht mehr auf das Problem. Somit geben Sie jetzt der Lösung die geistige Nahrung, daß sie wachsen kann. Damit fängt Ihr Bewußtsein Ideen auf, die zur Lösung führen. Ihr Bewußtsein erweitert sich, und Sie erleben einen Entwicklungsprozeß, der Ihre Persönlichkeit bereichert. Nach wie vor setzen Sie sich mit Ihrem Problem auseinander. Nur jetzt konstruktiv, von der Seite der Lösung her. Würden Sie sich — wie dies die meisten Menschen tun — vorwiegend auf Ihr Problem konzentrieren, dann ist Ihr Bewußtsein auf diese Problem-Wellenlänge eingestellt und zieht aus dieser Ebene Ideen heran, die das Problem verstärken.

Alles entsteht aus der Idee. Die Ideen, die Vorstellungen, die Sie treu und beständig hegen, fließen in Ihre Absichten und Aktivitäten bis zur physischen Verwirklichung. In den äußeren Situationen treffen Sie immer Ihre innere Einstellung, Ihre geistig-seelischen Aktivitäten wieder.

Eine Architektin aus Genf schrieb mir, daß sie ihr Leben lang unter latenten Depressionen gelitten hätte. Niemand hätte ihr zur Überwindung der Depression helfen können. Dann wäre sie in meinen Kurs gekommen. Bereits mehr als ein Jahr wäre jetzt vergangen und sie müßte mir mitteilen: »daß aus einer hundertprozentigen Pessimistin eine Optimistin geworden wäre – und dies mit 63 Jahren.« Depressionen kenne sie nicht mehr. Sie schrieb, daß sie bereits im Kurs, als jeder eines seiner Probleme (über das er nicht sprechen muß, jeder übt still für sich) mit der Spiegeltechnik löschen mußte, ihre Depressionen in den Spiegel gesetzt hatte. Sie hat versucht, einige Komponenten des Problems zu erfassen in bildhafter Vorstellung. Die Aspekte, die sie sich nicht in Form von Bildern vorstellen konnte, hat sie mit einem Filzstift auf den Spiegel geschrieben. Dann löschte sie ihr Problem im Spiegel komplett mit einem Lappen aus. Den ersehnten Endzustand, nämlich Gelassenheit, Unbeschwertheit, Heiterkeit und Vertrauen hat sie auf ihren geistigen Bildschirm projiziert. Sie schrieb mir, daß sie sich verschiedene Szenen vorgestellt hätte, z. B. unterhielt sie sich mit einem Freund, dem sie ganz freudestrahlend berichtete, wie gelöst und fröhlich sie jetzt wäre, wie sie die andere, positive Seite aller Dinge entdeckt hätte. Diese Architektin aus Genf hat die Übung richtig ausgeführt, denn – wie sie sagte – hat sie auf sich aufgepaßt, daß sie auch tagsüber mit ihren Gedanken und Vorstellungen ihre Bilder auf dem Bildschirm unterstützte. Nach etwa zwei Monaten spürte sie bereits eine merkliche Verbesserung, die sich im Laufe der Zeit noch verstärkt hat. Und heute ist sie eine Optimistin. Sie hat sich eine neue, erfreulichere Perspektive des Lebens erarbeitet.

Ebenfalls eine schwere Depression überwunden hat ein Zürcher Journalist. Seine Frau erzählte mir über die schwere Zeit ihres Mannes, als sie zu mir nach Adligenswil in die Beratungsstunde wegen ihrer Tochter kam. Ihr Mann war acht Monate lang wegen seiner schweren Depressionen in einer Klinik. Die Ärzte waren hilflos. Schließlich hatten sie ihm empfohlen, Alkohol zu trinken, damit er seinen Zustand für eine Weile vergessen könne! Das war dann der ausschlaggebende Moment, wo seine Frau ihn nach Hause holte. Kurze Zeit später ist sie mit ihm zu mir in den Kurs gekommen. Da ich nie nach den Beweggründen frage — jeder wird von mir ausgebildet, selbständig, völlig unabhängig von mir, die Techniken einzusetzen — wußte ich auch nichts von der Depression dieses Mannes. Es ist sehr wesentlich, daß jeder selbst seine Probleme lösen kann, auf keinen Fall in Abhängigkeit zu einem Menschen gerät. Damit würde sein Selbstbewußtsein und -vertrauen geschwächt.

Seine Frau berichtete mir, daß ihr Mann nach dem Kurs mit Hingabe sogar mehrmals am Tag mit seiner Bildschirmtechnik gearbeitet hat, nachdem er bereits im Kurs seinen depressiven Zustand mit der Spiegeltechnik gelöscht hatte. Ihm leuchtete sofort ein, daß die Konzentration auf einen gegebenen Zustand — oder auf eine Situation — verstärkend wirkt. Dies gilt natürlich sowohl für positive als auch negative Gegebenheiten. Er konzentrierte sich ganz auf seinen ersehnten Zustand, sein Wunschbild auf seinem geistigen Bildschirm. Mit aller Hingabe. Er wollte seinen Zustand überwinden. Dies war vor drei Jahren, erzählte mir seine Frau. Seit damals, als er mit der Spiegel-/Bildschirmtechnik und der Umstellung seiner Gedanken zum Positiven hin begonnen hatte, setzte ein Prozeß ein, der ihn ganz erstaunlich umwandelte. »Er ist seitdem niemals wieder in eine Depression gefallen. Unsere ganze Familie hat an ihm eine Stütze durch sein heiteres Wesen, das er sich selbst erarbeitet hat. Keinen Tag läßt er aus, ohne für etwa 15 Minuten seine Übungen zu machen«, erzählte mir seine Frau. Beruflich ist es außerdem bergauf gegangen, da er ganz andere Ideen und auch ein anderes, selbstbewußteres Auftreten hat.

Andere Kursteilnehmer haben die Spiegeltechnik für ihre Examensängste oder Ängste anderer Art eingesetzt und Vertrauen in ihre Fähigkeiten wie in ein gutes Selbstbewußtsein auf ihren Bildschirm projiziert. Ein achtzehnjähriger Knabe aus Lugano sagte mir, daß er seit dem Anwenden der Technik sowie einer Gedanken-Disziplin vollkommen befreit ist von seinen Schweißausbrüchen beim Examen und dem Gefühl einer totalen Blockade, die er immer bei Examensarbeiten fühlte.

Auch bei Schwierigkeiten im zwischenmenschlichen Bereich ist mit viel Erfolg die Spiegeltechnik eingesetzt worden.

Nach einem Vortrag, den ich in Zürich gehalten hatte, trat ein ehemaliger Kursteilnehmer von mir ans Rednerpult und erzählte den Zuhörern, was er durch die Spiegeltechnik erlebt hatte. Er leitet ein kleines Unternehmen in Genf. Mit zwei seiner fachlich besten Mitarbeiter stand er seit längerer Zeit in einem sehr gespannten Verhältnis, das ihn außerordentlich bedrückte. Nach dem Erlernen der Spiegeltechnik setzte er das störende Mißverhältnis zu diesen beiden Mitarbeitern in den Spiegel. Er stellte sich bildhaft die emotionsgeladenen Auseinandersetzungen vor. Danach schrieb er diese unangenehme Situation auf den Spiegel und löschte das Geschriebene komplett aus. Nie sollte man die Gestalt eines Menschen löschen. Darum formuliert man das Belastende schriftlich. Seine ganze Konzentration wandte er dann auf den ersehnten Endzustand, nämlich auf ein verständnisvolles, freundschaftliches Miteinander, das er sich bildhaft auf seinem Bildschirm vorstellte. Jeden Tag wieder — drei Monate lang. Auch tagsüber richtete er diszipliniert mit seinem ganzen Willen seine Gedanken auf dieses Bild. Dann trat die Wendung ein. Heute arbeiten sie in einem wahrhaft freundschaftlichen Verhältnis miteinander. Der Einsatz dieser beiden Mitarbeiter ist so engagiert, wie er selbst nicht in den noch ›guten Zeiten‹ war. Geändert hatten sich die Mitarbeiter jedoch durch die Wandlung ihres Chefs. Und so war es. Er selbst hat sich mit der Unterstützung der Spiegel-/Bildschirmtechnik und einer dazu parallel verlaufenden gedanklichen Umstellung zum Positiven verändert und erlebte nun die Resonanz.

Sie sehen also: nur durch die Änderung seines eigenen inneren und äußeren Verhaltens ändern sich automatisch die äußeren Gegebenheiten. Immer befinden Sie sich in der Situation, die Ihnen auch entspricht. Nie sind Sie in einer anderen. Darum tadeln Sie nicht einen anderen Menschen, beobachten und ändern Sie sich selbst — dann fällt im Laufe der Zeit alles von Ihnen ab, was nun nicht mehr zu Ihnen paßt.

Immer gestalten Sie sich selbst Ihre zukünftigen Ereignisse, ganz besonders auch durch Ihre bewußten und unbewußten Erwartungen.

Erwartungen ziehen erwartungsgemäße Ereignisse heran: Gesundheit, Alter, positives Selbstbild

Nehmen Sie sich ein Stück Papier. Machen Sie sich Ihre unbewußten Erwartungen bewußt, z. B. in bezug auf: Gesundheit, Alter, Freunde, Beruf, Wohlstand. Notieren Sie sich, was Sie für Erwartungen in diesen Bereichen hegen. Denn immer werden Sie automatisch durch die Macht des Unbewußten in Richtung Ihrer Erwartungen gezogen. Die Erwartungen sind die Wege, auf denen Sie sicher gehen und all dem begegnen, was Ihren Erwartungen entspricht. Sie können nichts anderem begegnen! Denn was außerhalb Ihrer Erwartungen liegt, entzieht sich Ihrem Wahrnehmungsvermögen, da Ihr Bewußtsein eingeengt ist auf diesen einen auserwählten Ausschnitt der Realität. Ihre Erlebnisse verlaufen immer gemäß Ihren Erwartungen. Dadurch erhalten Sie eine ständige Bestätigung für die Richtigkeit Ihrer Erwartung. Das unterstützt Sie. Es verstärkt Ihre innere Einstellung. Ein Teufelskreis, den Sie — bei einer negativen Erwartungshaltung — nur dann durchbrechen können, wenn Sie Ihr Bewußtsein öffnen, sich um andere Gedanken, um positivere Einstellungen und Erwartungen bemühen. Dann finden Sie auch neue Wege, und auf diesen neuen Wegen erleben Sie wiederum die Bestätigung für Ihre innere Überzeugung.

Jeder schafft sich seine subjektive Welt gemäß dem erwählten Realitäts-Ausschnitt. Alles, was Sie sich geistig vorstellen, ist eine geistige Realität, die auf ihre physische Verwirklichung harrt.

Was haben Sie notiert im Hinblick auf Ihre Gesundheit? Viele Menschen haben heute die Überzeugung, daß das tägliche Leben, die Umwelt, eher krank- als gesundmachende Elemente enthält. Glauben Sie dies auch?

Wenn Sie überzeugt sind oder es für möglich halten, daß die heutige Umwelt eher dazu angetan ist, krank als gesund zu machen, dann werden Sie durch diese geistige Haltung anfällig, Sie schwächen sich, Sie werden krank. Wenn Sie statt dessen an die großartige Macht Ihres Geistes denken, der alles bewirkt hat und bewirkt und sich mit Hilfe Ihres Geistes Gesundheit vorstellen — insgesamt oder in einzelnen gewünschten Bereichen, und zwar ausdauernd —, so wirkt diese Einstellung aufbauend, kräftigend — sie trägt zur Gesundheit bei. Viele aufgeschlossene Mediziner vermitteln heute ihren Patienten die Macht der positiven Einstellung, die bedeutsame Wirkung des Geistes auf den Körper.

Dies bedeutet ganz und gar nicht, die gesundheitlich belastenden Elemente zu ignorieren. Jedoch kann eine angstvolle Konzentration hierauf eine negative Erwartungshaltung bewirken. Eine unbewußte Öffnung zur Krankheit ist gegeben. Gerade dann, wenn negative Aspekte in den verschiedenen Bereichen sichtbar werden — z. B. durch Forschungsergebnisse — ist die Forderung nach einer konstruktiven, positiven Geisteshaltung am stärksten. Einen gegebenen Zustand, der ja auch nur das Resultat geistiger Prozesse ist, können wir durch eine Änderung der Geisteshaltung wandeln.

Wir unterhielten uns vor einigen Jahren mit einem Herrn, der uns erzählte, daß er jeden Morgen, um zu seiner Firma zu gelangen, durch eine Ortschaft bei New York fahren muß, in der eine chemische Fabrik ist. Er litt jahrelang unter ständigen Schleimhautreizungen durch die chemischen Bestandteile in der Luft. Eines Tages las er einen Artikel, daß man immer neue Vernichtungsmittel für Insekten finden müsse, weil sie nach einiger Zeit resistent dagegen würden. Ihm kam eine Idee: Wenn die Insekten resistent werden gegen das Gift, warum dann nicht auch ich! So machte er sich ein Programm. Er stellte sich einen starken Organismus vor, dem die chemischen Bestandteile nichts mehr ausmachen. Er ist völlig immun dagegen. Tag für Tag — immer wenn er durch diese Ortschaft fuhr — arbeitete er an diesem geistigen Programm. Nach etwa einem halben Jahr verspürte er eine deutliche Wirkung. Die Schleimhautreizungen, die ihn jahrelang geplagt hatten, ließen nach. Inzwischen sind sie ganz verschwunden. Dies war schon vor ›sechs Jahren‹, berichtete er uns. Er ist vollkommen überzeugt, daß seine innere geistige Umstellung, an der er intensiv ein halbes Jahr lang arbeitete, seine Heilung bewirkt hat.

Als ich vor einigen Jahren zu einem weiterbildenden Kurs bei Prof. Erickson in Arizona war, unterhielt ich mich mit einem Seminarteilnehmer. Er ist Arzt und hatte acht Jahre zuvor Krebs mit Metastasenbildung gehabt. Er war verzweifelt und wollte leben. Auf seiner Suche nach hilfreichen Methoden fand er in San Franzisco einen Arzt, mit dessen Hilfe er lernte, sich zu entspannen und sich in diesem Zustand ›einen schönen Ort‹ (Entspannungsort) vorzustellen. Von hier aus sollte er sich eine Vorstellung von seiner Krankheit machen und diese Vorstellung korrigieren (Spiegeltechnik), sich gesund sehen und erleben; mehrmals am Tag für etwa 15 Minuten sich in dieses gesunde Bild einleben.

Er erzählte mir, daß sich sein Zustand im Laufe der Monate sichtbar verbesserte und er schließlich ganz gesund wurde. »Mir ist klar, daß es die geistigen Methoden waren, die meinen Körperzellen beständig — jeden Tag aufs Neue — durch meine Vorstellungen und — wenn es mir gelang — auch durch mein Gefühl ein Bild der Gesundheit vermittelten«, sagte er mir.

Die psychosomatische Medizin stellt fest, daß der größte Teil aller körperlichen Störungen psychisch bedingt ist, und jeder Arzt weiß, welchen Anteil das Geistes- und Seelenleben am körperlichen Geschehen hat. Depression, Angst, Enttäuschung können auf längere Sicht zu ernsthaften Schäden führen — Optimismus, Zuversicht, Freude, Begeisterung wirken heilend. Er ist allgemein bekannt, daß Kummer Magengeschwüre verursachen kann, und daß die Geschwüre verschwinden, wenn sich die Situation positiv verändert.

Das FRIEBE-ALPHA-TRAINING nutzt den starken Einfluß von Geistes- und Seelenkräften gezielt für körperliche Wirkungen. Sie erreichen ein präziseres Steuern von Verhaltensautomatismen durch Einprägung von Leitbildern.

Stellen Sie sich vor, daß Ihre Körperzellen eine Art Bewußtsein haben. Sie können mit den Zellen kommunizieren

– bewußt. Unbewußt tun Sie dies bereits beständig durch Ihre z. B. angstvollen Gedanken, Einbildungen, auch durch Ihre vielleicht negativen Erwartungen. Die Zellen empfangen diese geistigen Impulse. Jedoch erst nach einiger Zeit, wenn durch eine ständige gleichartige innere Geisteshaltung in dauernder Wiederholung sich den Zellen ein bestimmtes Bild eingeprägt hat, spiegeln sie dieses Bild wider, was Sie – »gemäß Ihren Erwartungen und Vorstellungen« – als Gesundheit oder Krankheit erleben.

Man hat in der Hypnose einem Mann einen Bleistift in die Hand gegeben und ihm gesagt: »Du hast ein glühendes Stück Eisen in der Hand, glühendes Eisen...!« Er ließ den Bleistift fallen, und es entstanden an den Berührungsstellen der Finger Brandblasen. Das Unterbewußtsein, dem man das Bild des glühenden Stück Eisens eingegeben hat, ›informiert‹ die Zellen des Organismus, der entsprechend reagiert: Brandblasen entstehen. Die Vorstellung ruft die Brandblasen hervor. Vorstellung bedeutet ›geistige Kraft‹.

Mit dieser geistigen Kraft sollen Sie bewußt umgehen können. Darum ist es von ganz entscheidender Bedeutung, daß Sie Ihre Erwartungen unter Kontrolle bekommen und sie willentlich in die gewünschte positive Richtung lenken. Beständig, mit Ausdauer. Sicher, dies erfordert einen Einsatz, eine Disziplin von Ihnen. Doch bedenken Sie immer, was Sie dadurch erreichen können: Gesundheit, Gelassenheit, Heiterkeit, Erfolg im persönlichen und beruflichen Bereich, ein erfülltes Leben. Dafür lohnt sich der Einsatz!

Achten Sie also auf Ihre Gedanken, auf Ihre Erwartungen. Was ich als Beispiele für die Gesundheit angeführt habe, gilt natürlich für alle anderen Bereiche ebenso.

Dehnen Sie Ihren Test aus: Was erwarten Sie vom Alter? Stellen Sie eine negative Erwartungshaltung an sich fest, verbinden Sie Alter mit Krankheit, mit Einsamkeit, dann wissen Sie inzwischen, daß die Kraft Ihrer geistigen Vorstellung Sie getreu in die Richtung der erwarteten Bilder führt.

Ändern Sie Ihre Erwartung. Sie wirken dadurch bewußt gestaltend an Ihrer ›Parallelspur zum Schicksal‹. Sie werden Ihr Alter gesund und in Freude genießen.

Vor allem arbeiten Sie auch an Ihrem Selbstbild. Denken Sie dabei öfter an Ihre ›multidimensionale Persönlichkeit‹. In jedem liegen unendlich viele verborgene Kräfte und Fähigkeiten. Jeder ist eine einzigartige, mit keinem anderen vergleichbare Individualität. Entfalten Sie Ihre Persönlichkeit. Sie erreichen dies, indem Sie sich von negativen Erwartungen lösen und sich immer wieder in ein strahlendes Selbstbildnis vertiefen. Lassen Sie sich nicht von dem momentanen Zustand beeindrucken. Stellen Sie sich vor, was und wie Sie sein möchten. Immer wieder. Nur der beständige Einsatz bringt den gewünschten Erfolg. Manche beginnen mit Eifer und Überzeugung und lassen nach einiger Zeit in ihrem Bemühen nach, weil der Erfolg noch nicht sichtbar ist. Sie sehen nicht die Knospen Ihrer geistigen Bemühungen und erahnen nicht die wunderbaren Blüten, die daraus entstehen. So lassen sie die Knospen wieder eingehen durch das Nachlassen ihrer Bemühungen.

Das neue, positive Programm, welches Sie Ihrem Unterbewußtsein eingeben, bewirkt zuerst eine Umstrukturierung bisheriger unbewußter Abläufe, bis dann das neue, gewünschte Bild seine Wirkung entfalten kann. Darum ist Ihr beständiger, wiederholter Einsatz so lange vonnöten, bis Sie die ersehnte Situation erleben.

Kollektives Unbewußtes

Das positive Programm, welches Sie bewußt Ihrem Unbewußten eingeben, entfaltet nicht nur seine Wirkung auf Sie selbst und ihre Umweltgegebenheiten, sondern es beeindruckt über das ›kollektive Unbewußte‹ auch andere Menschen, die auf Ihrer geistigen Wellenlänge liegen.

»Für die unbewußten Umweltbeziehungen zwischen den Individuen gibt C. G. Jung ein treffendes Bild, an das ich hier frei anknüpfe. Es veranschaulicht auch die neueren Erkenntnisse über Kommunikationsvorgänge. Stellen Sie sich die Einzelmenschen als Kegel vor, die mit der Spitze nach oben im Wasser schwimmen. Der weit größere, dicke Teil liegt unter Wasser und ist nicht zu erkennen (das Unbewußte). Nur die Spitze ragt aus dem Wasser hervor (das Bewußte). Jeder einzelne erkennt von sich selbst nur die Spitze — und sieht auch nur die aus dem Wasser ragenden Spitzen der Mitmenschen. So hat jeder den Eindruck, von den anderen völlig getrennt zu sein. Er merkt gar nicht, daß er mit seinen tieferen Wesensbestandteilen in einem gemeinsamen Element mit den anderen Individuen steckt. Und in diesem gemeinsamen Element (dem ›Wasser‹) gelten spezielle Gesetze, die auf jeden wirken, der darin steckt. Dadurch ergeben sich gewisse kollektive Eigenarten (Ähnlichkeiten der unbewußten Prozesse, teils kulturell bedingt, teils allgemeinmenschlich). Außerdem zeigen Erfahrungen auf vielen Gebieten der Psychologie und Parapsychologie, daß im Rahmen unbewußter Gemeinsamkeiten eine Art ›Resonanz‹ (Wechselbeziehung) stattfindet, die zu Kontakt und Austausch zwischen den Individuen führt. Hierzu gehören die heute bewiesenen Phänomene der Gedanken- und Gefühlsübertragung (Telepathie).«

Günter Friebe

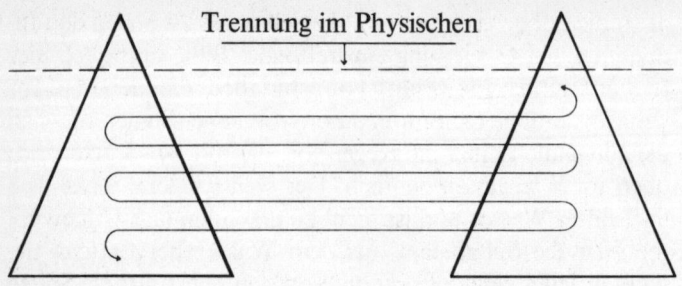

Die Trennung wird im geistig-seelischen Bereich aufgehoben. Hier besteht eine ständige Kommunikation zwischen allen Menschen über das kollektive Unbewußte.

Über das kollektive Unbewußte besteht eine ständige Kommunikation zwischen den Menschen. Jeder ist angeschlossen an ein Ganzes, von dem Wirkungen auf ihn ausgehen. Und jeder wirkt selbst auf dieses Ganze. So sind wir zwar äußerlich, im Physischen, voneinander getrennt, nicht jedoch im geistig-seelischen, im unbewußten Bereich. Hier finden wir unsere Gemeinsamkeit, unsere geistige Brüderlichkeit. Darum schaden wir uns auch selbst zutiefst, wir leiden, wenn wir einen anderen hassen oder ihm in Gedanken und Taten Leid zufügen. Rolling Thunder, ein amerikanischer indianischer Philosoph und Medizinmann der Cherokee- und Shoshone-Stämme sagt: »Wenn Du Schwierigkeiten mit jemandem hast und Du haßt ihn und denkst: − ich wünschte, er würde sterben und verschwinden −, so arbeitest Du geradezu gegen Dich selbst. Deine Gedanken, die Du gegen ihn richtest, wirken unmittelbar gegen Dich selbst. Du bereitest Deinem eigenen Herzen Schmerzen. Der andere kann Dich in keiner Weise beeinträchtigen (wenn man sich nicht auf seine negative geistige Wellenlänge einschaltet), aber wenn Du ihn haßt, schadest du Dir mit Deinen eigenen schlechten Gedanken und Gefühlen.«

Hat ein Mensch eine bestimmte Idee oder eine bestimmte innere Einstellung, so hat er automatisch Kontakt über das kollektive Unbewußte zu Menschen, die seinen Ideen und Einstellungen entsprechen. Was Sie gedanklich aussenden, das sprechen Sie im anderen an und das kommt qualitativ zu Ihnen zurück. Ist ein Mensch ein Pessimist, so ist er über das kollektive Unbewußte automatisch angeschlossen an Menschen, die seiner inneren negativen Einstellung entsprechen. Er verstärkt in den anderen ihre pessimistische Einstellung, dies strömt zu ihm zurück und unterstützt seine geistige Haltung. Stellen Sie sich noch einmal das Stimmgabel-Beispiel vor: Sie haben zwei C- und eine F-Stimmgabel. Sie bringen die eine C-Stimmgabel zum Schwingen — und die andere schwingt mit. Es ist eine Resonanz da. Nicht so zur F-Stimmgabel. Sie bleibt unberührt. Immer ziehen Sie sich durch Ihre innere Einstellung zu den Menschen hin, die eine ähnliche gedankliche Haltung haben. Es ist eine Resonanz gegeben. Da jede innere Einstellung nach Verwirklichung strebt, erlebt jeder Mensch die Situation, die er selbst herbeigeführt hat. So erleben Sie in den äußeren Situationen immer Ihre gedankliche Einstellung wieder. Und die Menschen, zu denen Sie sich über das kollektive Unbewußte hinziehen, stehen ebenfalls jeweils in der ihnen gemäßen Situation, in die Sie dann gleichfalls mit hineinkommen. *Alles* entspringt von innen nach außen. Es ist niemals umgekehrt. Alles entsteht aus dem Bewußtsein.

Erziehen Sie sich dahin, Ihr Bewußtsein auch auf die positiven Aspekte der Realität zu richten, so erlernen Sie einerseits die Fähigkeit, das Positive wahrzunehmen, mit allen situationsgemäßen Erlebnissen. Andererseits kommen Sie über das kollektive Unbewußte automatisch in Kontakt mit den Menschen, die auf der optimistischen Wellenlänge liegen und ebenfalls in ihnen gemäßen positiven Umweltgegebenheiten stehen, die sie sich selbst geschaffen haben, mit denen nun auch Sie in Berührung kommen.

Manipulation — Freiheit

Darum sollten Sie auch allmählich unter bewußte Kontrolle bekommen, welche Gedankengänge anderer Menschen Sie in sich aufnehmen wollen und von welchen Sie sich distanzieren möchten. Spricht jemand herabziehend, negativ über andere Menschen und Situationen, so übernehmen Sie nicht einfach sein Weltbild. Machen Sie sich bewußt, daß dieser Mensch sich den negativen Realitäts-Ausschnitt auserwählt hat. Da er nach den geistigen Gesetzmäßigkeiten alles Negative zu sich heranzieht — er hat sich zur Zeit unfähig gemacht, das Positive wahrzunehmen — besitzt er einen reichen Erfahrungsschatz von allen negativen Begebenheiten. Entsprechend ist auch seine Erwartungshaltung für zukünftige Geschehnisse, an denen er auf geistige Weise selbst mitgestaltend wirkt und sie dann auch erleben wird.

Lassen Sie sich nie von einem solchen Menschen veranlassen, seine Einstellung zu übernehmen. Dann ziehen Sie sich herab auf seine negative Wellenlänge und tauchen damit in seinen Erlebnisbereich ein. Machen Sie sich statt dessen immer wieder bewußt, daß solche Menschen ganz offensichtlich keine Ahnung von der machtvollen Verwirklichungskraft der inneren Einstellung haben. Dies erzeugt in Ihnen ein Verständnis für den anderen, und das könnte sogar ein gewisses Wohlwollen nach sich ziehen. Es wäre eine große Hilfe für Sie selbst und für den anderen, wenn Sie mit einer verständnisvollen, wohlwollenden inneren Haltung, aber mit Bestimmtheit ihm erklären, daß Sie sein negatives Weltbild zwar auch wahrnehmen können, sich aber entschieden haben, *zugunsten der Realität* auch die vorhandenen positiven Werte zu erkennen und Ihre Aufmerksamkeit darauf zu richten, Ihre Energie dafür einzusetzen. Lassen Sie den anderen nie im unklaren über Ihre geistige Haltung und Ihre Absicht. Handeln Sie dann auch danach. Dadurch sind Sie allmählich von guten Freunden umgeben.

Die Menschen mit einer negativen Einstellung suchen nicht den Kontakt zu Ihnen, *denn sie finden keine Resonanz.*

Wenn Sie in dieser Weise vorgehen, entwickelt sich in Ihrer Seele eine Kraft, die ungewünschte Einflüsse nicht mehr entgegennimmt. Allmählich reifen Sie zu einer Persönlichkeit heran, die immer weniger manipulierbar ist. Sie werden innerlich freier. Dies setzt voraus, daß Sie sich auch nicht von Ihren eigenen momentanen Stimmungen und Vorstellungen manipulieren lassen, sondern sich immer bewußt machen, daß sich alles ändert, wenn Sie die Änderung durch Konzentration auf Gewünschtes zulassen. Der Wille zur Änderung und der tatkräftige innere und äußere Einsatz bewirken schließlich die ersehnte Wandlung.

Erleben Sie sich selbst, Ihre Mitmenschen und Ihre Umwelt bewußt, nicht in einer herabziehend kritisierenden Haltung. Sie wissen inzwischen, daß alle Schwächen und Mißstände notwendig sind, weil wir nur durch sie reifen und wachsen können, wenn wir mit einer konstruktiven Einstellung den Schwächen begegnen, nicht resignieren, sondern innerlich und äußerlich positiv verändernd und gestaltend wirken.

Das bewußte Wahrnehmen Ihrer eigenen Gedanken, Absichten und Erwartungen, wie auch die der anderen, gibt Ihnen die Möglichkeit, sich nicht von diesen inneren Einstellungen manipulieren zu lassen und dadurch unliebsame Folgen ertragen zu müssen, sondern bewußt steuernd einzugreifen, indem Sie willentlich an eigenen, gewünschten inneren Vorstellungen und äußeren Handlungen festhalten mit dem Wissen, daß immer das Innere das Äußere gestaltet.

Durch ein solches Verhalten werden Sie automatisch immer selbstbewußter, was Ihnen die Kraft gibt, sich von nicht gewünschten Einflüssen klar zu distanzieren. Je klarer und eindeutiger Sie sich in dieser Richtung verhalten, desto intensiver spüren andere Ihre innere Haltung. Da die meisten Menschen kaum ein Wissen von der geistigen Kraft der

Gedanken haben und darüber hinaus wenig Ich-bewußten Willen aufweisen, sind sie durch Ihre klare, starke Haltung (die jedoch stets wohlwollend sein sollte) beeindruckt. Sie gewinnen an Einfluß. Im besten Sinne.

Ein Student fragte mich einmal, ob dies nicht auch Manipulation sei. »Was ist überhaupt Manipulation?« fragte ich ihn. Kurz gesagt: Manipulation heißt, sich nicht gewünschten Einflüssen gegenüber zu öffnen, sie in sich aufzunehmen und schließlich sogar zum Bestandteil seines eigenen Wesens zu machen. Alle Eindrücke verändern Sie. Es liegt in Ihrer freien Entscheidung, welchen Einflüssen Sie sich bewußt öffnen – das ist dann innere Freiheit – oder welche Einflüsse Sie unbeobachtet, unkontrolliert und daher unbewußt in sich einfließen lassen, dies bedeutet innere Unfreiheit. Sie werden manipuliert durch unkontrollierte Vorgänge. Alles wirkt beeindruckend, nicht nur unsere eigenen inneren Einstellungen und Äußerungen der anderen, sondern auch alle Formen, Farben, Töne usw. Es kommt darauf an, zu erkennen, daß alles stimulierend wirkt (positiv oder negativ), und durch Erkenntnis bewußt zu entscheiden, wie Sie die Eindrücke mit Hilfe Ihrer gedanklichen Vorstellungskraft verarbeiten wollen.

Alles innere und äußere Geschehen wird durch das ICH eines jeden wahrgenommen. Das ICH, das zum Denken befähigt. Wie verarbeiten Sie bewußt denkend die verschiedenen Eindrücke? Darauf kommt es ganz entschieden an. »Alles im Grunde, was in unser Bewußtsein eintritt, tritt durch unser ICH in unser Bewußtsein ein... Das ICH ist dasjenige, was uns mit unserer Umgebung verbindet.« (Rudolf Steiner) »Bewußtsein ist alles«, sagt ein Weiser. Wenn Sie sich also bewußt gewünschten Einflüssen gegenüber öffnen und sich von den nicht gewünschten distanzieren oder – falls dies momentan nicht möglich ist – den negativen Aspekten denkend in sich ein positives geistiges Bild entgegensetzen, dann werden Sie tatsächlich innerlich immer freier, weniger manipulierbar. Sie werden eine starke, Ich-bewußte Persönlichkeit, die im besten Sinne auf die Umwelt wirkt. Dies erfordert jedoch aktiven Einsatz von Ihnen. Der Lohn ist, in innerer Freiheit, Zufriedenheit und Freude das Steuer seines Lebensschiffes selbst fest in der Hand zu haben und durch alle Wogen des Lebens sein Schiff in die gewünschte Richtung zu lenken. Die meisten Menschen sind zu bequem, sie überlassen lieber anderen Menschen und Einflüssen ihr Steuer, so daß sie hierhin und dorthin gelenkt werden, wie es den Launen und Absichten anderer entspricht. So können Führerpersönlichkeiten gedeihen, die mit ihrem starken Willen für andere bequeme, schwache Personen, die sich der Würde und Stärke ihres hohen geistigen ICHS nicht bewußt sind, das Ruder übernehmen. Diese Führerpersönlichkeiten − ob in Familien, im Betrieb oder im Staat − wirken nach ihrem Willen bestimmend auf die Geschicke anderer ein. Sehen Sie, wohin eine geistige Bequemlichkeit führen kann!

Wahre Führungspersönlichkeiten sind zugleich Vorbilder für andere. Ihre Gedanken und Handlungen sind wegweisend. Sie wirken im besten Sinne bildend auf Geist und Seele ein. Unter einer solchen Führung können die Menschen ihre geistig-seelischen Qualitäten entfalten. Hier ist kein Druck und Zwang notwendig. Solche führenden Vorbilder kennen nicht den fanatischen Ehrgeiz, daß man nur ihren Ansichten zu folgen hat, koste es, was es wolle.

Jeder hat es immer wieder mit anderen zu tun, ob in der Ehe, in der Familie, im Betrieb − oder allgemein im Alltag. Im Umgang mit anderen ist ein ganz wesentlicher Faktor zu berücksichtigen, nämlich nie seine Meinung jemandem aufzwingen zu wollen. Tun Sie es, und der andere ist zu ICH-schwach, um seine eigene Meinung zu halten, so haben Sie in jedem Falle eine Disharmonie im anderen erzeugt, die sich trübend auf Ihr Verhältnis auswirkt. Auch wenn Sie es noch so gut mit jemandem meinen und von Ihrem Standpunkt aus erkennen, was vorteilhaft für den anderen ist, so sollten Sie ihm wohl raten, aber es dann ihm überlassen, ob er Ihren Rat annimmt. Jeder Mensch steht auf einer anderen geistig-seelischen Entwicklungsstufe, wobei keiner werten kann, da wir mit unserem heutigen Bewußtsein nicht annähernd uns die allumfassende Größe dieser geistig-seelischen Dimension vorstellen können. Erinnern möchte ich an dieser Stelle noch einmal daran, daß nur durch die Schwächen und Unvollkommenheiten eine Entwicklung für den einzelnen und die Gesamtheit gewährleistet ist. Nur im Bestreben, Schwächen zu überwinden, liegt der Fortschritt. Betrachten Sie unter diesem Gesichtspunkt sich selbst und Ihre Mitmenschen. Für einen Rat und eine gewünschte Hilfeleistung sind sicher die meisten froh und dankbar.

Nehmen wir jetzt nur einmal an, Sie würden einem anderen eine Hilfe aufzwingen, weil Sie es »so gut mit ihm meinen«. Mit dieser aufgezwungenen Hilfe wird seine Schwäche − oder sein Leid − überspielt und überdeckt. Sie nehmen ihm damit die Chance seiner notwendigen Entwicklung, die er ja gerade durch seine Schwächen hat. Sie haben ihm durch Ihre gutgemeinte Hilfe einen Schaden zugefügt.

Viele Eltern wollen ihre Kinder − auch wenn sie längst erwachsen sind − immer noch vor allem bewahren, viele ihren Partner und ihre Freunde. Alle tragen sie zur Unfreiheit des anderen bei. Sie manipulieren ihn durch ihre gutgemeinten Absichten und verhindern dadurch eine Entwicklung, die jeder nur in der Auseinandersetzung mit sich allein vollbringen kann. Und nur allein die stattfindende geistig-seelische Entwicklung verhilft zu einem guten Selbstwertgefühl, zu einem ICH-bin-ICH-Bewußtsein.

Wenn jemand durch sein Fehlverhalten, das er trotz aller guten Ratschläge nicht geändert hat, negative Erfahrungen machen muß, so sind diese eigenen Erfahrungen die größte Chance und beste Hilfe zur Wandlung. Immer liegt es jedoch in der Freiheit des einzelnen, seine Chancen wahrzunehmen. Nimmt er sie nicht wahr, werden seine Erfahrungen immer bitterer — bis er durch sie zur Erkenntnis gekommen ist.

Nie können Sie einem anderen Menschen seine Entwicklung abnehmen, das wäre sogar das Schlimmste, was man ihm antun könnte, denn der Sinn liegt ja gerade in einer durch *eigene* Erfahrungen gemachten Bewußtseins-Entwicklung, die zur Erkenntnis führen kann.

Wenn Sie hieran öfter denken, wird sich Ihr Verhältnis zu Ihren Mitmenschen im engen und weitesten Kreis auf die Dauer tiefgreifend verbessern. Jeder fühlt, daß er sich in Ihrer Gegenwart entfalten kann — das ist das größte Geschenk, das sie einem Menschen geben können, ein Geschenk, das rückwirkend auch Sie glücklich macht.

Die Erkenntnis, daß das Wichtigste für den Menschen seine geistig-seelische Entwicklung ist, verhilft Ihnen auch zu der Einsicht, daß Sie niemals einen Menschen festhalten dürfen, an sich *fesseln* wollen. Manchmal kommen Menschen zusammen, und sie geben einander viel durch ihre Gemeinsamkeit, durch ihre guten und auch negativen Erfahrungen. Manche wachsen und reifen miteinander, und dadurch ist es eine lebenslange Partnerschaft. Andere sind ein Stück Weg miteinander gegangen und einer — oder auch beide — entwickeln sich in eine andere Richtung, die keine Gemeinsamkeit mehr beinhaltet. Dann sollte jeder seinen Weg alleine gehen mit dem Wissen, daß die gemeinsame Zeit mit allen Erlebnissen — ob gut oder weniger gut — ein wichtiger Lebensabschnitt mit wertvollen Erfahrungen war. Jede Erfahrung hat ihren Wert! Immer verhilft Ihnen der andere zu irgendwelchen Erfahrungen — und, wenn Sie es richtig betrachten und auswerten, zu Erkenntnissen. So lernen wir alle aneinander.

Lassen Sie also einen Menschen gehen, wenn er es so will. Aber klammern auch Sie sich nicht an einer Situation fest, die Ihnen nichts als nur z. B. äußere Erleichterung gibt, aber keine innere Entwicklung mehr gewährleistet.

Stellen Sie sich öfter auf Ihrer Leinwand oder Ihrem geistigen Bildschirm ein gewünschtes, ersehntes Bild von sich selbst vor, z. B. ein gutes Selbstbewußtsein. Machen Sie sich immer wieder den hohen Wert Ihres geistigen, unsterblichen Selbstes bewußt; das vermittelt Ihnen ein Selbstwertgefühl. Stellen Sie sich auch z. B. ein heiteres, unbeschwertes Wesen vor. Sie lernen immer mehr, das Wesentliche vom Unwesentlichen unterscheiden zu können und sich vermehrt auch auf die positiven Aspekte des Lebens zu konzentrieren. Vor allem bilden Sie die gedankliche und wenn möglich bildhafte Vorstellung der inneren Freiheit: nicht gebunden zu sein an seine eigenen Stimmungen und momentanen Situationen und nicht manipulierbar zu sein von Launen, Absichten, Äußerungen anderer, sondern unbeeindruckbar seine eigenen gewünschten inneren Vorstellungen durch den Einsatz des Willens festzuhalten. Um seine gedanklichen Vorstellungen, die immer nach physischer Realisierung drängen, in die gewünschte Richtung steuern zu können, ist es notwendig, sich seine Gedanken bewußt zu machen. Und genauso bewußt – ohne kritisierende Einstellung – auch seine Mitmenschen wie die Umwelt zu erleben. Erst durch die Bewußtwerdung können Sie selektieren: auswählen oder sich distanzieren. Dadurch sind Sie immer weniger manipulierbar. Sie werden innerlich immer freier. Dieser Prozeß bewirkt eine große Freude, Entspannung und Erlösung in Ihrer Seele. Das Resultat ist eine wachsende Kreativität, die Ihr Leben bereichert.

Die Mitgestaltung und Verantwortung des Menschen am Natur- und Weltgeschehen

Vergegenwärtigen Sie sich noch einmal, daß die äußere Welt nur ein Ausschnitt aus der gesamten Wirklichkeit ist; der Ausschnitt, den Sie mit Ihren fünf Sinnen wahrnehmen

136

können. Es besteht eine Art ›geistiger Kosmos‹ mit Energiefeldern, wo Gedanken und Ideen ihr Zuhause haben. Durch ihre geistige Aktivität, durch Ihr Denken also, schalten Sie sich in diese geistige Dimension ein und bestimmen, welche Idee-Qualität in Ihr Bewußtsein eintritt. In diesen geistigen Bereichen gelten harmonische Gesetzmäßigkeiten (siehe mein Buch ›DAS OMEGA-TRAINING‹). Durch das FRIEBE-ALPHA-TRAINING machen Sie einen Entwicklungsprozeß durch, der Sie befähigt, diese geistigen Gesetzmäßigkeiten zu erkennen, sie zu erleben und sie zu Ihrem Vorteil einzusetzen.

Bisher habe ich Ihnen erläutert, wie Sie durch die Qualität Ihrer Gedanken steuernd und bestimmend auf Ihr Schicksal einwirken. Jetzt zeige ich Ihnen, wie Ihre Gedanken und Handlungen nicht nur verändernd und gestaltend auf Ihr Schicksal wirken, sondern sogar Wirkungen im gesamten Natur- und Weltgeschehen hinterlassen.

Stellen Sie sich die Materie vor. Innerhalb der Materie sind Atome, die durch ihre Eigenart die Materie überhaupt zusammenhalten. Die Atome innerhalb dieser Materie haben einen riesigen Abstand voneinander, in Relation zu ihrer Größe gesehen. Dazwischen ist leerer Raum. Ebenfalls innerhalb der Atome sind Zwischenräume, da die Atome sich wiederum aus Partikelchen zusammensetzen.

Erinnern Sie sich an Hermes Trismegistos, den Altägypter, der für den Begriff Gott die Definition DER ALLES anwandte? Hermes erläutert: DER ALLES hat mit seinem Geist alles geschaffen. Er ist in allem, und ist dennoch mehr als alles. »Da ALLES in DER ALLES ist, ist es gleichermaßen wahr, daß DER ALLES IN ALLEM IST«.

So sind nach Hermes Trismegistos »die Atome, Moleküle, Partikelchen lediglich die stofflichen Körper von Bewußtseinswesenheiten, genauso wie der Körper des Menschen nur seine Form, aber nicht er selbst ist«. Alles ist im Grunde mit Bewußtsein durchdrungen, selbst die winzigsten Partikelchen. Durch unser Denken stellen wir einen Kontakt zum Wesenhaften aller Bereiche her: zum mineralischen, pflanzlichen, tierischen und natürlich zum menschlichen Bereich selbst. Denkend durchdringen und wirken wir in all diesen Bereichen.

Mineral	Pflanze	Tier	Mensch
Materie — oder Physischer Leib	Materie — und Lebens- prozeß	Materie — Lebens- prozeß und Seele	Materie — Physischer Leib, Lebens- prozeß, Seele und Geist — Ich-bewußtes Denken

Der Mensch steht als denkendes Wesen über allen Natur-Reichen und gehört dennoch auch diesen Bereichen an. Alle Natur-Reiche sind auch im menschlichen Sein.

»Freilich ist auch der Mensch zunächst ein Glied der Natur: er teilt
mit den *Steinen* den *materiellen Körper,*
mit den *Pflanzen* den *lebendigen Leib,*
mit den *Tieren seelische Empfindung* und *Triebbewegung.*

Sofern er jedoch darüber hinaus ein Geistwesen ist, welches die Natur-Reiche erkennend überschaut, *schließt der Mensch die Natur ab,* ist er ihre mikroskopische Ganzheit und ihr Ende und folglich selbst *kein naturhaftes,* sondern ein *übernaturhaftes Wesen.*

Im Menschen endigt das Reich der Notwendigkeit, Getriebenheit und ICH-Losigkeit (also die Natur) und beginnt das Reich der Freiheit, der Selbstbestimmung und Selbsterkenntnis.«

Professor Otto Julius Hartmann

ICH-bewußt denkend hat der Mensch also einen inneren Kontakt zu allen Natur-Reichen, deren mikroskopische Ganzheit er selbst darstellt.

Kurz möchte ich die philosophische Theorie dieser einzelnen Bereiche berühren:

Das ICH (bewußtes Denken) des Menschen ist im Menschen.

Das ICH (bewußtes Denken) des Tieres ist *außerhalb der Materie* (des tierischen Körpers) — ist im *Geistigen*. Es ist sozusagen für die jeweilige Tiergruppe zuständig, man spricht in der Esoterik von einem *Gruppen-ICH*.

Das ICH und die SEELE der Pflanze sind im *Geistigen, außerhalb der Materie,* d. h. Gruppen-ICH und Gruppen-SEELE sind für jeweilige Pflanzengattungen zuständig.

Das ICH, die SEELE und der LEBENSPROZESS des Minerals sind *außerhalb der Materie,* sind im *Geistigen*.

Alles ist Bewußtsein. Ist Geist. Und alles durchdringt sich daher ständig. Eines hat Anteil am anderen. Alles ist durch den Geist, durch DER ALLES entstanden.

Im Johannes-Evangelium heißt es:
Im Anfang war das Wort,
und das Wort war bei Gott,
und das Wort war Gott.
Dies war im Anfang bei Gott.
Durch dieses ist alles geworden,
und ohne es ward nichts von allem,
was geworden ist.
In ihm war das Leben,
und das Leben war das Licht der Menschen.
Das Licht leuchtet in der Finsternis;
allein die Finsternis hat es nicht ergriffen.

Die Ebene des Geistes ist die primäre Realität. Aus dieser Ebene des Logos, des Wortes, der Idee ist *alles* entstanden und entsteht *alles*. An dieser geistigen Ebene hat *alles* Anteil. Und wir haben durch unser ɪᴄʜ, durch unser bewußtes Denken, Zugang zu den übergeordneten ɪᴄʜ- und sᴇᴇʟᴇɴ-Wesenheiten aller Naturreiche.

Ein praktisches Beispiel: Rabenartige Vögel ziehen zu einem bestimmten Zeitpunkt immer vom Norden Nordamerikas in den Süden. Normalerweise ziehen sie immer auf einem bestimmten direkten Wege. Vor einigen Jahren machte man die Beobachtung, daß sie plötzlich nicht auf direktem Weg, sondern in weitem Bogen nach Süden zogen. Während sie in weitem Bogen zogen, bildeten sich vom Südosten her Wirbelstürme. Schon beim Start schlugen die Vögel einen großen Bogen ein, obwohl zum Zeitpunkt des Starts noch keinerlei Anzeichen für den Sturm waren (sie fliegen mehrere Tage). Gerade die Vogelgruppe nahm diesen Umweg, die beim normalen, direkten Flug in den Wirbelsturm geraten wäre. Während der Sturm noch andauerte, starteten die nächsten Vögel schon wieder in der richtigen, direkten Richtung. Als sie in die Sturmzone kamen, war der Sturm vorbei. Selbst eine Feinfühligkeit für Sturmzonen kann dieses Phänomen nicht erklären, da der nächste Vogelzug ja bereits wieder den normalen direkten Weg einschlug, als der Sturm noch tobte. Die Vögel können sich ja nicht ausrechnen, wie lange der Sturm anhält. Und vor allem diese Vogelgruppe hätte den Sturm besonders intensiv wahrnehmen müssen. Die Feinfühligkeit in bezug auf den Sturm ist keine Erklärung für das Verhalten: die ersten flogen ab, in einer neugewählten, ungewohnten Route, obwohl der Sturm erst Tage später da war. Die anderen flogen — während des Sturmes — wieder in der altgewohnten Route und kamen ganz genau zu dem Zeitpunkt in den Bereich, da er nicht mehr tobte.

Dieser ganze Ablauf des Vogelzuges beweist, daß übergeordnete, weise geistige Kräfte steuern. Oder wie würden Sie eine steuernde Kraft bezeichnen, die ein Wissen hat und zugleich rechnen und vorausschauen kann? Das kann man doch nur als ein geistiges Wesen bezeichnen, das sehr bewußt handelt — ein Geistwesen, das die denkende und steuernde ICH-Funktion für die ganze Tiergruppe hat.

Dieses Geistwesen hat also eine Vorausschau (Präkognition), und auf ALPHA-Ebene, die Sie herstellen, wenn Sie auf Ihren Entspannungsort mit dem beschriebenen Countdown von 12 − 1 gehen, die ALPHA-Ebene, die kommunikativen Charakter hat, gehen Sie aus Ihrer begrenzten Person heraus — und können ebenfalls somit Kontakt zu Geschehnissen aufnehmen — so wie ja auch das ICH der Vögel außerhalb ihres begrenzten Körpers ist, nämlich in der geistigen Ebene, in der alle Ereignisse geistig bereits vorhanden sind, bevor sie sich physisch realisieren.

Betrachten Sie jetzt noch einmal Seite 138: Mit unserem Bewußtsein, mit unserem denkenden ICH, durchdringen wir alle Naturreiche, die wir selbst in uns beinhalten und vereinen: Der Mensch ist als *Naturwesen* ein Mitglied aller Naturreiche, deren mikrokosmische Ganzheit er ja darstellt. Als ICH-bewußtes, denkendes Wesen ist der Mensch ein *Geistwesen* (und gehört als solches den geistigen Bereichen an), das mit seinem denkenden ICH alle Naturreiche durchströmt.

Sie wissen, daß jeder Gedanke gestaltende und verändernde Macht hat, denn alles ist aus der Idee, aus dem Geist geboren.

Gedanken sind geistige Energien, die alles durchdringen. Der Mensch hinterläßt mit seinen Gedanken Spuren, Impulse in allen Naturreichen. Gedanken, die gestaltend, verändernd, vernichtend wirken, je nach ihrer Qualität.

Können Sie sich vorstellen, wenn der Mensch durch ein wahlloses, undiszipliniertes Denken die Liebe und dadurch den Kontakt zur Natur verliert, welche verheerenden Katastrophen dann in allen Naturbereichen entstehen müssen? Der Mensch ist der Selbstgestalter seines Schicksals im umfassendsten Sinn. Er erfährt immer das Glück oder Leid, das er durch sein Denken verursacht hat. Alles Äußere ist nur Ausdruck des Inneren.

Eventuell können die Naturwissenschaftler feststellen, warum es zu dieser oder jener Katastrophe gekommen ist. Man findet oder mutmaßt eine Ursache. Aber wie ist es denn zu dieser Ursache gekommen? Allem Augenscheinlichen liegt der geistige Schöpfungsakt zugrunde, den man nicht mit dem groben naturwissenschaftlichen, wohl aber mit dem subtilen geisteswissenschaftlichen Instrumentarium, dem reinen Denken, aufdecken kann. Das Denken stellt die Verbindung zum Geistigen her. Wenn einer daran zweifelt, daß er durch Denken zur Wahrheit kommen kann, dann ist dieser Zweifel in sich selbst unberechtigt, denn er ist ja selbst ein Denkprodukt. Wenn man dem Denkvorgang nicht traut, dann kann man dem Zweifel, dem Mißtrauen auch nicht trauen, da das Mißtrauen und der Zweifel durch Denken entstehen.

Verstehen Sie jetzt, wie wesentlich und notwendig eine Aufklärung über die Realität und Wirkung der Gedanken ist, um der Umweltverschmutzung entgegenzuwirken, die durch Handlungen entstanden ist, welche durch ein liebloses und daher negatives Denken gegenüber der Natur bewirkt wurde. Der Mensch wird die Natur *erlösen* müssen durch ein Denken, das sich mit dem Verstehen und Erkennen der ewig gültigen geistigen Gesetze befaßt. Diese geistige erkennende Tätigkeit erzeugt im Menschen ein Verständnis und eine Liebe zur gesamten Natur und zum ganzen Universum. Und nur durch die Liebe offenbaren sich die Geheimnisse, zeigt sich das Verborgene. Wenn auf diese Weise die Natur erlöst wird, befreit und erlöst sich der Mensch im selben Maß aus seiner Enge und erreicht höhere Bewußtseinsdimensionen.

Wir tragen nicht nur die Verantwortung am Natur-, sondern auch am gesamten Weltgeschehen.

Krieg und Frieden

Jedes äußere Ereignis ist das Produkt einer bewußten oder unbewußten geistigen Aktivität. Jeder Kriegsausbruch ist das Ergebnis zielgerichteter, intensiver, dynamischer Gedankenarbeit in bezug auf Kriegsführung.

Sie lesen und hören Berichte, Sie sehen grauenhafte Bilder über das Kriegsgeschehen in einem bestimmten Land. In Ihnen tauchen Gedanken und Gefühle der Ablehnung, des Abscheues, des Hasses gegen den Krieg auf. Was bewirken Sie mit diesen Gedanken? Sie *unterstützen* den Krieg! Jeder Gedanke trägt seiner Qualität nach zur physischen Realisierung bei. Gedanken des Hasses erzeugen Haß, den Sie im äußeren Geschehen in Form von Feindseligkeiten, Terror, von Krieg wiederfinden.

Wenn Sie den Krieg hassen und Sie bemühen sich um Gedanken und Vorstellungsbilder der Freundschaft, der Toleranz, des Verständnisses, positive Gedanken dieser oder ähnlicher Art, die Sie an den Ort des Kriegsgeschehens hin orientieren, dann tragen Sie mit diesen geistigen Impulsen zum Frieden bei. Gedankliche Impulse, die von Gleichgesinnten angezogen und aufgefangen werden, die dadurch eine Verstärkung ihrer Gesinnung erhalten — und somit kann eine Interessengruppe entstehen, die eine Friedensstrategie entwickelt.

Wer klar erkannt hat, daß Gedanken reale Kräfte sind, die ihr Zuhause im geistigen Kosmos haben und von dieser geistigen Ebene aus als unvergängliche Energie ihrer Qualität nach über das Unterbewußtsein der Menschen wirken, die sich auf diese gedankliche Ebene einschalten, wer diesen Prozeß versteht, der kann in sich die Motivation zur Gedankenkontrolle und -steuerung empfinden, um im besten Sinne auf das Weltgeschehen einzuwirken.

Denken Sie nicht, daß Sie als Einzelmensch zu schwach sind, um Wirkungen zu erzeugen. Im Geistigen gibt es keine

Quantitäten, es gibt nur Qualitäten, denn das Geistige ist reinste Energie, es kennt keine physischen Dimensionen, keine Maße, keine Gewichte – nicht Raum noch Zeit. Die Idee eines Menschen hat oft revolutionierende Folgen im Positiven wie im Negativen gehabt.

Konzentrieren wir uns doch einmal auf die Friedensstrategie. Da die kriegführenden Mächte mit aller Intensität und gedanklichen wie oft auch emotionalen Hingabe ihre Kriegsstrategie entwickeln, muß die gleiche, ja noch stärkere Intensität und Hingabe in der Friedensstrategie vorhanden sein, sonst wird keine echte Balance und schließliche Überwindung des Krieges hergestellt werden können. Das leuchtet ein, nicht wahr!

Solange Menschen Gedanken z. B. des Neides, der Eifersucht, des Hasses, der Überzeugungssucht, des Rechthabenwollens usw. hegen, ballen sich diese Gedanken im Geistigen zusammen und wirken von dieser Ebene aus über das Unbewußte der Menschen, die eine innerliche Aufgeschlossenheit für diese negative Gedankenqualität haben und sich daher bereitwillig von diesen Ideen zu äußeren Handlungen inspirieren lassen. Natürlich werden sie dadurch selbst in den Sog der negativen Ereignisse mit hineingezogen. Sie stehen also immer in der Situation, an der sie selbst durch Ihre innere Einstellung mitgewirkt haben – und Sie werden auf irgendeine Weise von einem negativen Geschehen abgezogen, wenn es Ihnen aufgrund Ihrer Entwicklung nicht mehr entspricht. Jeder profitiert stets an seiner gedanklichen Schöpfung im Positiven wie im Negativen, solange er sich geistig auf dieser Wellenlänge aufhält. Sobald er seine innere Einstellung ändert, wird er Anteil an einer anderen, seiner jetzigen Einstellung gemäßen Situation haben.

Da es im Zeitpunkt der heutigen menschlichen Bewußtseinsentwicklung, die kaum eine Aufklärung über die Realität und Wirkungsweise der geistig-seelischen Dimensionen enthält, den meisten Menschen schwerfällt, ihr Denken auf die geistigen Dimensionen auszudehnen, was sie mit Erkenntnis und Harmonie erfüllen würde, weil ein solches Denken, das zum erweiterten Bewußtsein führt, den meisten noch nicht möglich ist, wirken im begrenzten Bewußtsein der Menschen Ideen, die häufig zerstörerische Wirkungen seelischer wie physischer Art erzeugen. Im jetzigen allgemeinen geistig-seelischen Entwicklungszustand der Menschen ist es daher noch gar nicht möglich, überall einen dauerhaften Frieden zu haben, da die Menschen selbst noch gar keinen andauernden Frieden in ihrem Denken und daher in ihrer Seele erzeugen können. Und das äußere Geschehen ist immer eine Widerspiegelung innerer Abläufe.

Darum besteht die dringende Notwendigkeit nach einer Aufklärung über die geistig-seelischen Ebenen im Mikrokosmos Mensch, der in Beziehung steht zum Makrokosmos Universum, aus dem ihm Erkenntnis, Liebe, Harmonie, Gesundheit zuströmen, wenn er sein Bewußtsein durch Schulung immer mehr öffnen und erweitern kann vom menschlichen zum kosmischen Bewußtsein.

Traumtechnik

Unterstützend zur Entwicklung dieses kosmischen Bewußtseins wirkt die Traumtechnik. Darüber hinaus können Sie die Traumtechnik auch zur Lösung von Problemen einsetzen, was viele unbewußt bereits tun.

Jane Roberts sagt in ihrem Buch ›Die Natur der persönlichen Realität‹ über Träume:

»Es ist durchaus möglich, das normal-bewußte ICH mit in den Traumzustand zu nehmen. Sie können erkennen, daß das träumende ICH und das wachende ICH ein und dasselbe sind, aber sie wirken in völlig unterschiedlichen Dimensionen. Sie werden mit der Tiefe, dem Innersten von Erfahrungen und Wissen vertraut, das Ihnen bisher unbekannt war. Sie gewinnen eine wahre Flexibilität und ein erweitertes Bewußtsein von Ihrem Sein, und Sie öffnen Kommunikationskanäle zwischen Ihrer wachenden und träumenden Wirklichkeit. Dies bedeutet, daß Sie weitaus besser in der Lage sind, Ihr unbewußtes Wissen zu nutzen und darüber hinaus das Unbewußte mit Ihrer gegenwärtigen physischen Situation vertraut zu machen. Solch ein Prozeß kann Sie in Kontakt zu einer Weisheit bringen, die Sie bisher nicht erkannt und daher geleugnet haben; es kann Ihnen helfen, Ihre ganze Lebenssituation harmonisch in Einklang zu bringen und Energien freizulegen für Ihre Absichten und Ziele in Ihrem täglichen Leben. Selbst der bloße Entschluß, einen solchen Versuch zu unternehmen, ist bereits vorteilhaft, da er automatisch eine Flexibilität der Verhaltensweisen des bewußten Selbstes voraussetzt. Wenn Sie Furcht vor Ihren Träumen haben, fürchten Sie sich vor sich selbst... Nun, es mag einige Zeit dauern, bevor Ihr Bewußtsein eine Traumdiagnose akzeptiert. Der Traum mag in Ihnen später wirken in Form von Ahnungen oder einer plötzlichen Intuition oder einem Drang zu einer bestimmten Handlung. Wenn Sie sich allerdings selbst nicht trauen, dann können Sie solche Impulse ignorieren und somit keinen Vorteil aus den Lösungen und Antworten der Träume ziehen. Das vorurteilsfreie Bewußtsein ist immer wachsam und bereit für solche Traum-Mitteilungen. Sie können noch einige Schritte weiter im Traumzustand gehen und sich bestimmte Träume und bestimmte Lösungen erfragen und erarbeiten.«

Wenn Sie allerdings glauben, daß Sie nicht bewußt den Traumzustand erleben, dann wird Ihr Glaube Ihnen die Realität schaffen. *Immer* schafft Ihnen Ihr Glaube, Ihre Überzeugung, Ihre Erwartung, die Realität.

Im Traumzustand erlauben Sie sich größere Freiheit. Hier probieren Sie träumend neue Ideen und Überzeugungen aus, die Sie später intellektuell und emotional physisch verwirklichen können. Ihr wachendes ICH hält sich innerhalb der Raum-Zeit-Dimension auf und entwickelt Ideen innerhalb dieser Grenzen. Ihr träumendes ICH ist in einer geistigen Dimension, in der es weder Raum noch Zeit gibt, einer Dimension, die grenzenlos ist. Hier kann Ihr ICH die im Wach-Zustand erlebten Grenzen überschreiten. Es erfährt andere Perspektiven, es hält sich im Bereich der wahren Kreativität auf, dort wo Ideen ihren tiefen Ursprung und ihr Zuhause haben. Zu dieser Kreativität bekommen Sie bereits Kontakt, wenn Sie durch Ihren Countdown von 12−1 Ihren Entspannungsort aufsuchen. Durch diese Übung erzeugt Ihr Gehirn mehr ALPHA-Gehirnstromschwingungen, was einen veränderten Bewußtseins-Zustand darstellt, der dem Traum-Zustand ähnelt.

Ich erläutere jetzt die Traumtechnik:

Stufe 1 Wenn Sie im Bett liegen, atmen Sie bewußt in Ihrem Rhythmus einige Male ruhig und gelassen ein und aus. Atmen Sie einmal Ruhe ein, und lassen Sie beim Ausatmen Ruhe durch den Körper strömen. Dann atmen Sie Frieden ein und lassen beim Ausatmen Frieden durch Ihren ganzen Körper strömen. Versuchen Sie, die Ruhe und den Frieden auch zu empfinden. Dann zählen Sie sich mit 12−1 auf Ihren Entspannungsort. Sollten Sie zu schnell einschlafen, genügen die Atemzüge der Ruhe und des Friedens. Entweder also beginnen Sie von Ihrem Entspannungsort aus oder bereits nach den Atemzügen sich zu sagen:

Ich will mich diese Nacht an einen Traum erinnern − und ich werde mich an einen Traum erinnern.

Dann schlafen Sie ein.

Es kann sein, daß Sie durch diese Technik in der Nacht oder am Morgen erwachen und eine lebhafte Erinnerung an einen Traum haben. Um den Traum in Stichworten festhalten zu können, sollten Sie Papier und Bleistift und eine schwache Lampe bereit haben, um den Traum kurz niederzuschreiben.

Erst wenn Sie mit der Stufe 1 Erfolg gehabt haben, gehen Sie zur zweiten Stufe über.

Stufe 2 Um sich an mehrere Träume zu erinnern, beginnen Sie genauso wie bei Stufe 1 mit den Atemzügen der Ruhe und des Friedens und eventuell mit dem Countdown von 12 − 1. Sagen Sie jetzt gedanklich zu sich selbst:

Ich will mich an mehrere Träume erinnern − und ich werde mich an mehrere Träume erinnern.

Haben Sie wiederum Papier und Bleistift und eine schwache Lampe bereit, um die Träume beim Erwachen in Stichworten notieren zu können. Wenn man nachts durch einen Traum geweckt wird, ist es tatsächlich eine Überwindung, diesen Traum zu notieren.

Wenn Sie mit Stufe 2 Erfolg haben, es reicht bereits, wenn Sie sich an zwei Träume erinnern können, dann kommt die eigentliche Stufe 3.

Stufe 3 dient dazu, einen Traum zu erzeugen, an den Sie sich erinnern und den Sie verstehen − der Ihnen die Lösung eines Problems zeigt.

Beginnen Sie wie bei Stufe 1 und 2. Sagen Sie dann gedanklich zu sich selbst:

Ich will einen Traum haben, der mir Anhaltspunkte gibt zur Lösung des Problems, das mich beschäftigt.

Nennen Sie jetzt das Problem möglichst kurz und klar, legen Sie aber keinen Lösungsweg fest. Dann sagen Sie zu sich:

148

Ich werde einen solchen Traum haben, der mir Anhalts-punkte zur Problemlösung gibt. Ich werde mich an diesen Traum erinnern — und ich werde ihn verstehen.

Dann schlafen Sie ein. Sie werden in der Nacht oder am Morgen erwachen und eine lebendige Erinnerung an einen solchen Traum haben. Und Sie werden den Traum verste-hen. Fahren Sie mit dieser Technik wie mit allen anderen Techniken stets so lange fort, bis Sie Ihr Ziel erreicht haben. Auch wenn es Monate dauert. Bei jeder Anwendung der Techniken erleben Sie eine positive geistig-seelische Ent-wicklung — der eigentliche Sinn des Trainings.

Nicht wahr, Sie haben in den ersten beiden Stufen die Fähigkeit des Erinnerns an Träume erarbeitet. Diese Fähig-keit brauchen Sie in der dritten Stufe, wenn es darum geht, einen bestimmten Traum zu erzeugen, der Ihnen die Lösung eines Problems zeigt. Einen Traum, den Sie verstehen wer-den. Das Verstehen des Traumes müssen Sie sich bewußt mit einprogrammieren, damit Ihnen die eventuelle Symbolik des Traumes verständlich ist.

In diese Technik sollten Sie Geduld investieren. In Ihnen geht eine Entwicklung vor, die Ihnen hilft, die bisher unbe-wußte Traum-Dimension in Ihr Bewußtsein zu ziehen. Damit erweitern Sie Ihr Bewußtsein.

Weitere hilfreiche Techniken des FRIEBE-ALPHA-TRAI-NINGS kann ich nur mündlich im Kurs erklären. Sie können vom einzelnen ausschließlich in einem gut gesteuerten Übungsprozeß erlebt werden. Es braucht notwendige Kennt-nisse, um spezielle Übungsinhalte risikolos wirksam zu machen, damit sie anschließend auch beim individuellen Üben benutzt werden können. Eine schriftliche Anleitung ohne die kontrollierende Stabilisierung in der kommunikati-ven Gruppe kann in dieser Richtung keine verantwortungs-bewußte Empfehlung geben.

Zusammenfassung

Betrachten Sie noch einmal das Symbol des FRIEBE-ALPHA-TRAININGS:

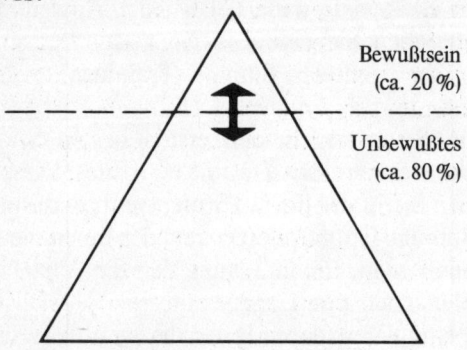

Durch den ICH-bewußten kontrollierten Zugang zum unbewußten geistig-seelischen Bereich — so, wie es in diesem Buch beschrieben worden ist — erheben Sie allmählich das Unbewußte ins Bewußtsein; sie lüften *das Geheimnis des Unbewußten.*

Der Schleier der Isis hebt sich. Kein Mensch kann durch seinen Willen und Wunsch die Isis entschleiern. Nur durch eine geduldige und beständige geistige Entwicklung wird sich einmal der Schleier lüften. Die Erhabenheit und unaussprechliche geistige Größe der entschleierten Isis kann nur derjenige ertragen, der sich Erkenntnis, Liebe, Weisheit und Seelengröße erarbeitet hat.

Achten Sie von jetzt ab darauf, welche Nahrung Sie nicht nur Ihrem Körper, sondern *vor allem* Ihrer Seele geben, damit sie sich unbeschwert und frei entfalten kann. Beobachten Sie darum Ihre Gedanken, Vorstellungen, Einbildungen, Erwartungen, Überzeugungen. Machen Sie sich diese geistigen Vorgänge *bewußt,* damit Sie steuernd und ausgleichend eingreifen können. Gehen Sie aber nicht verbissen und fanatisch an diese geistige Arbeit — das verhindert geradezu eine geistige Entwicklung — sondern bemühen Sie sich um eine gewisse Gelassenheit und Heiterkeit. Das ständige Bemühen erzeugt in Ihrer Seele eine Kraft, die Sie nicht mehr verlieren können. Alle wahren geistigen Größen waren und sind immer heiter, denn in den geistigen Dimensionen herrscht nicht nur eine unaussprechliche Harmonie, sondern auch Heiterkeit, wovon alle großen Denker und Eingeweihten berichten. Eine enge, bedrückende, intolerante, ja vielleicht sogar fanatische Konzentration auf eine geistige Einseitigkeit kann zu dämonenhaften Vorstellungen führen. Dämonen und sonstige böse Geister, von denen manche berichten, sind das Ergebnis gedanklicher Vorstellungen, die der Unwissende produziert hat.

Denken Sie immer daran, daß Sie die Bilder, die Sie in sich tragen, auch in der Außenwelt antreffen werden; denn Ihr ganzes Verhalten orientiert sich immer nach Ihren inneren gedanklichen Vorstellungen. Sie sind stets der Schöpfer Ihrer eigenen Welt. Sie erleben Ihre Bilder. Ihre Innenwelt ist auch Ihre Außenwelt. Sie kreieren mit Ihrem Geist alles Äußere. Und dieses Geschaffene gibt Ihnen wiederum eine entsprechende Resonanz, die zu einem Lernprozeß beitragen kann. Das Innere und das Äußere — Geist und Materie — sind die zwei Pole ein und derselben Sache. Ihre inneren Überzeugungen — von was auch immer — werden Sie in den äußeren Umständen wiederfinden gemäß dem geistigen Gesetz, daß alles Äußere nur der Ausdruck des Inneren ist. Jeder wird nur in den Bereich der äußeren Realität hineingezogen, zu dessen Entstehung er selbst — oft in unbewußter Gemeinschaft mit anderen — beigetragen hat. So wird er sich immer unter seinesgleichen, nämlich den geistigen Mitgestaltern dieses Realitätsbereiches befinden. Ändert er seine innere Überzeugung, geht er allmählich automatisch auf Distanz zu den äußeren Umständen und findet sich nach einiger Zeit in anderen Situationen, die seiner jetzigen Überzeugung gemäß sind.

Sie sind der Selbstgestalter Ihres Schicksals. Machen Sie von der unbegrenzten Freiheit Ihres Geistes — Ihres denkenden ICHS — *durch den Einsatz Ihres Willens* Gebrauch, um an einem gewünschten Schicksal aktiv gestaltend zu wirken und nicht ein mitgebrachtes Schicksal passiv zu erleiden. Benutzen Sie hierzu *täglich* Ihre Bildschirm- oder Leinwandtechnik. Machen Sie diese Übung nie lau, dann erhalten Sie auch nur laue Resultate, sondern investieren Sie Willen, geistige Energie, Freude, vor allem Überzeugung, die in Ihnen durch Wissen gewachsen ist, daß Gedanken die stärkste Macht der Welt sind, die alles entstehen lassen.

Löschen Sie Ihre Probleme mit der Spiegeltechnik. Mit dieser Technik wenden Sie das große geistige Gesetz der Polarität an. Nach dem Löschungsakt, den Sie nur einmal vornehmen dürfen, richten Sie — wann immer Sie wieder an das Problem erinnert werden — Ihre ganze willentliche Konzentration auf den ersehnten Endzustand, den Sie auf Ihren geistigen Bildschirm bildhaft oder in Schriftzügen projizieren. Fühlen Sie die Freude in sich, die Sie empfinden werden, wenn dieses Bild Wirklichkeit wird.

Fürchten Sie sich vor nichts! Empfinden Sie Furcht in sich, konzentrieren Sie sich energisch auf Vertrauen. Erzeugen Sie gedanklich und wenn möglich bildhafte Vorstellungen in sich von Situationen, die Ihr Vertrauen bestätigen. Dann erleben Sie auch diese Situationen.

Da *alles* mit Bewußtsein durchdrungen ist, sprechen Sie mit Ihren Körperzellen; vermitteln Sie Ihrem Organismus ein Bild der Gesundheit. Optimismus und Freude unterstützen die Gesundheit. Pessimismus und eine negative Einstellung verkrampfen und tragen zur Krankheit bei. An dieser Stelle möchte ich kurz Asklepios (Aeskulap), den großen weisen Heilkundigen — den Gott der Heilkunst —, zu Wort kommen lassen, der in Epidaurus in Griechenland ein Heilzentrum gegründet hatte, in dem er selbst unheilbare Krankheiten wie Blindheit und Lähmung heilte. (Der Stab des Aeskulap ist heute das Symbol der Medizin.)

In einer kleinen Schrift von Theodorus Papadakis, die ich in Griechenland fand, stand über das ›Heiligtum des Asklepios‹:

»Nun, entsprechend der großen Tradition des Asklepios, benutzten seine Priester (die in erster Linie auf einer höheren Spiritualitätsebene standen) jedes Mittel, das dazu beitragen konnte, den natürlichen Drang der menschlichen Seele zum Schönen, Guten und Göttlichen zu kräftigen und den Pilger mit der *geistigen Realität* harmonieren zu lassen, weil sie glaubten und es auch tatsächlich bewiesen, daß auf diese Weise der Mensch *in seinem wahren* ICH *erwacht* (erkenne dich selbst) und seine Gesundheit und Harmonie wiederfindet... Die künstlerische Schöpfung und das Betrachten und Genießen des Schönen in den Meisterwerken der Architektur, der Skulptur und der Malerei wurden als bedeutende Faktoren angesehen zur Erhöhung und Vergeistigung des Gemüts und zur Wiederherstellung der seelischen und körperlichen Gesundheit.

Denn das Betrachten des Schönen und Guten erzeugt Gleichgewicht und Harmonie und wirkt fördernd auf die Gesundheit!

Je mehr der Sinn des Menschen sich an Bildern künstlerischer Schönheit erfreut und in Verbindung mit der göttlichen Harmonie steht, desto mehr erhöht er sich und wird seelisch harmonischer, *um schließlich sein Wohlbehagen und seinen Optimismus dem Körper mitzuteilen,* was eben Gesundheit und Harmonie bedeutet. Asklepios sagte über das Negative: Dieses Etwas, das unsere natürliche Harmonie zu stören sucht, ist nicht wirklich, es hat keine wahre Substanz, es ist eine ›Chimäre‹, eine Phantasie, ein Traum. Diese Feinde unserer physischen Harmonie, obwohl phantastisch, sind aber doch sehr gefährlich, weil sie unser *Gemüt* angreifen und uns in bewußte und unbewußte Ängste, in Ängstlichkeit, Bösartigkeit und schreckliche Leidenschaften stürzen, die ungezügelt uns immer mehr einschnüren, wie die Lernäische Hydra. Solche Feinde fallen zuerst das Gemüt des Menschen an; sie setzen sich, falls er ungewappnet oder charakterschwach erscheint, in seinem *Denken* und Sinnen fest, und befallen von dort aus sich verbreitend den Körper. DENN ES IST DAS GEMÜT, DAS DEN KÖRPER REGIERT. DER GEDANKE IST DER ALLERHÖCHSTE FAKTOR IN DER BILDUNG UNSERES ORGANISMUS. DAS GEMÜT SIEHT UND HÖRT: ALLES ANDERE IST BLIND UND TAUB, wie es der berühmte, obwohl heute fast unbekannte Dichter Epiharmos ausdrückte. Da nun aber die Keime der Krankheit hauptsächlich im Gemüt stecken, muß auch die Art der Behandlung eine geistige sein.«

Soweit Asklepios.

Alle großen Weisen und Eingeweihten stellen die tiefe Bedeutung der Konzentration auf alles Gute und Schöne heraus. Die Seele wird dadurch in ihrem tiefsten Innern, an ihrem Ursprung berührt. Es öffnen sich Quellen, aus denen Kraft und Weisheit strömen. Alles Negative ist durch das Denken der Menschen entstanden, die durch eine ausschließliche Konzentration auf äußere Bereiche den innigen Kontakt zur universalen Harmonie verloren haben. Wollen Sie Ihre Aufmerksamkeit auf die negativen Produktionen dieser unwissenden Menschen (Produktionen, an denen wir alle — zumindest hin und wieder...! — selber Anteil haben) richten? Wenn Sie es tun, dann machen Sie es wenigstens ganz bewußt, damit Sie auch bewußt die daraus resultierenden Erfahrungen registrieren und auswerten können! Bewußtsein ist alles!

Je bewußter Sie im Sinne dieses Buches denken und handeln, desto mehr nehmen Sie von der gesamten Realität wahr — zu der das Positive und das Negative nach dem geistigen Gesetz der Realität gehören. Alles, was außerhalb des allumfassenden, des alles durchdringenden Bewußtseins von DER ALLES ist, ist polar. Nur im für den menschlichen Geist unvorstellbaren, göttlichen Bewußtsein hebt sich die Polarität auf, wird zur Einheit. Versuchen Sie öfter, verschiedene Perspektiven von ein und derselben Situation wahrzunehmen, und wenn Sie es nur als Übung, als Spiel betreiben. Auf jeden Fall — wenn Sie sich dies zur Gewohnheit werden lassen — wird Ihr Bewußtsein flexibler, was eine Bereicherung Ihres ganzen Seins nach sich ziehen kann. Flexibel heißt vor allem auch, nicht starr festhalten zu wollen an Menschen, Situationen, an Gewohnheiten. Denn das würde Sie in eine innere Abhängigkeit bringen, die Ihr Selbstbewußtsein schwächt, die eine Entfaltung bremst, was jeder schöpferischen Entwicklung in innerer Freiheit mit allen fördernden positiven Erlebnissen entgegenwirkt.

Wenn Sie mit Hilfe der von mir beschriebenen Gedankendisziplin und den erwähnten Techniken zu Gedankeninhalten kommen, die zu Ihrer Bewußtseinserweiterung beitragen, dann tauchen Sie allmählich in bisher unbekannte geistige Dimensionen ein, und Sie erahnen und erleben immer mehr die erhabene Größe der universalen Realität. Sie bekommen einen Eindruck von der unvorstellbaren Fülle ersehnter Qualitäten, auf die Sie Ihr Bewußtsein nur geduldig, ausdauernd und konsequent richten müssen, um diese Fülle durch die geistige Inspiration und daraus resultierende Handlungen physisch zu realisieren.

Das erweiterte Bewußtsein läßt die Verbundenheit, die Einheit mit allen Menschen auf der geistig-seelischen Ebene erkennen, wie auch zu allen Naturreichen und zum gesamten irdischen und kosmischen Geschehen. Der Mensch durchströmt mit seinem denkenden ICH alle diese Bereiche, in denen er geistig gestaltend und verändernd wirkt. Insofern trägt er die Verantwortung nicht nur an seinem persönlichen Schicksal, sondern durch die Freiheit seines Geistes hat er Anteil am Gesamtgeschehen. Er hat Anteil, doch selbst der weiseste unter den Menschen könnte nicht die geistigen Gesetze außer Kraft setzen, die zur Höherentwicklung des menschlichen und kosmischen Bewußtsein beitragen.

Nach den geistigen Gesetzen der Schwingung und des Rhythmus (siehe ›OMEGA-TRAINING‹ — Bewußtseins-Dimensionen) muß in allem eine wirbelartige Kraft sein, die zur ständigen Veränderung Anlaß gibt. Veränderungen, die bewirken, daß man »Stufe um Stufe die Treppe der Diotima hinaufsteigt, um so eines Tages zum Anblick des absolut Schönen und Guten zu gelangen«. (Aus der kleinen Schrift von Theodoros Papadakis über Asklepios).

Nach jedem Kurs, den ich beende, wünsche ich meinen Teilnehmern mit dem Erlernten »ein schönes, erfolgreiches, glückliches, neues Leben«. Und so möchte ich dieses Buch beschließen: »Ihnen, mein lieber Leser, wünsche ich, daß Sie mit Hilfe meiner Ausführungen einen Entwicklungsprozeß erleben, der Ihnen persönlichen und beruflichen Erfolg bringt, der Sie wieder das Schöne, das Wahre, das Gute, die Liebe und Weisheit erleben läßt.«

Zur Autorin

Margarete Friebe hatte schon als junges Mädchen ein tiefes Interesse für Erkenntnistheorie. Mit 18 Jahren kam sie zuerst in Kontakt mit östlichen Lehren. Mit Hingabe und Engagement lernte und übte sie die Lehren der östlichen Meister. Sie besuchte philosophische Vorträge an Hochschulen und hatte Kontakte zu lehrenden Persönlichkeiten im In- und Ausland, die sie auf ihrer Suche nach Erkenntnis weiterbildeten.

Ihr größter Lehrmeister war ihr Mann, Günter Friebe. Bei ihm erhielt sie die für sie bedeutendste Schulung im reinen Denken. Durch diese Ausbildung löste sich Margarete Friebe von allen bisherigen psychologischen und philosophischen Richtungen und widmete sich zusammen mit ihrem Mann ganz der Erkenntnistheorie. Gemeinsam befaßten sie sich mit der Erforschung des Unbewußten.

Aus dieser gemeinsamen Arbeit und dem Wunsch von Günter und Margarete Friebe, die in vielen Jahren erarbeiteten Erkenntnisse für sich selbst und für andere praktisch nutzbar zu machen, entstand das FRIEBE-ALPHA-TRAINING, das von der begrenzten Persönlichkeit zur erweiterten, zur ›Multidimensionalen Persönlichkeit‹ führen kann. Bewußtsein ist alles!

Nach dem Tode ihres Mannes im Jahre 1977 übernahm Margarete Friebe das Institut ›Wirtschaft und Wort‹ als Alleininhaberin.

Im Jahre 1980 gründete sie das ›Alpha-Institut Wirtschaft und Wort‹ in Adligenswil/Schweiz.

Der Mensch stöhnt unter seiner Last —
weil er nicht weiß, wer er ist.

Der Mensch leidet unter seinen Schwächen,
er schämt sich, er möchte verbergen —
weil er nicht weiß, wer er ist.

Der Mensch fühlt sich schuldig,
er gedenkt seiner Fehler — oder verdrängt sie —
weil er nicht weiß, wer er ist.

Der Mensch quält sich, seine Mitmenschen,
die Tiere, die Pflanzen,
seinen ganzen irdischen Planeten —
weil er nicht weiß, wer er ist.

Der Mensch sieht Schwierigkeiten, Not,
Probleme, Krankheiten, Tod — er fürchtet sich —
weil er nicht weiß, wer er ist.

Der Mensch fühlt Ablehnung, Haß,
er sagt, er sei ungeliebt —
weil er nicht weiß, wer er ist.

Wüßte er doch — wer er wäre!
Ein Stern ist er — eine Sonne,
Alle Sonnen, alle Sterne — das Universum selbst.
Alle Töne jauchzen in ihm —
geheimnisvoll in einer kosmischen Symphonie.

Er ist der Tropfen des Meeres —
der Funke der Flamme —
er ist das lebende Wort Gottes.
Fühlte er doch das Schöpferwort in sich,
das er mit seinem Körper umkleidet,
würde er es doch erkennen —
Seine Seele würde jubeln und
in die höchsten Schwingungen eintauchen.

Jetzt ist er in seinem wahren Menschsein erwacht!   *M. F.*

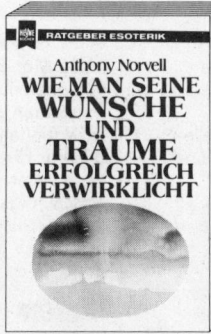

esotera

Die neuen Dimensionen
des Bewußtseins